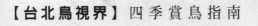

【台北鳥視界】 四季賞鳥指南

TO THE

Birdwatcher's Guide

TAIPEI REGION

你知道夜晚在二子坪步道附近的巴拉卡公路開車，要讓貓頭鷹優先通行嗎？你看過北投商家簷下燕巢中母燕啣蟲哺餵幼雛的情景嗎？還有，你是否知道關渡的水鳥紀錄已經多達二百二十九種了！

提到賞鳥，大家一定會想到關渡自然公園或華江雁鴨公園。其實，台北市除了這二處河濱地可欣賞到數千隻水鴨群聚的壯觀場面外，還有許多地方可以目睹各種陸鳥、猛禽彩羽飛揚的丰采，例如：市郊的二子坪、芝山岩、虎山，甚至市中心的植物園、富陽社區公園、大安森林公園……等，而且不受季節影響，一年四季都可以欣賞。

這本《台北鳥視界——四季賞鳥指南》特別結合步道景觀系統，介紹十七條大台北地區最精華的賞鳥場所，在滿足大家賞鳥心願的同時，也可以觀察步道旁的植物、昆蟲等自然生態，更可以活動筋骨、鍛練體能。

「台北人真的很幸福！」，因為依山傍水的環境，使我們擁有獨特而豐富的自然資源，無論山區、河邊或市區，都可以觀賞到各種鳥類，其中不乏稀有鳥，除了令人稱奇外，也證明台北市多年來致力自然保育工作，終於有了成果。的確，偶爾我從十一樓辦公室望出去，還可以看到小麻雀和小雨燕在窗外自在的飛翔，甚至白頭翁還會站在窗台上與我對望，真想不到市長室也是一個賞鳥的好地方呢！

自古以來，鳥和人類已發展出相互依存的親密關係。我們用詩詞歌頌牠們輕盈美妙

人鳥相見歡
相看兩不厭

Birdwatcher's Guide
TO THE
TAIPEI REGION

的身影，用畫筆彩繪牠們繽紛多姿的羽翼，用音符吟唱牠們婉轉的聲音。生物學家也告訴我們，鳥類是環境最佳的偵測器，是大自然生存發展的重要指標。因此，新聞處出版這本書，除了希望讓大家知道大台北地區有那些地方可以賞鳥？如何賞鳥？以及有那些生動美麗的鳥兒可以欣賞外，最重要的目的是希望大家在欣賞自然界美景的同時，也能更加關懷我們的生態環境，尤其要尊重、愛護那些悠遊飛翔在叢林或曠野間的大自然精靈，將野鳥曼妙的丰姿、美妙的歌聲，永遠留傳給我們後代的子子孫孫。

　　忙碌的都會生活，讓人神經緊張，不妨趁著週休二日的假期，拋開煩憂、遠離塵囂，來一趟親子賞鳥之旅，欣賞自然之美，順便運動健身，說不定還可以發現罕見鳥類。

　　但，要再次提醒大家，不論是遠觀，或者是近望，在驚喜、讚歎之餘，請尊重鳥兒的生存空間，愛護牠，千萬不要干擾牠！

Birdwatcher's Guide
TO THE
TAIPEI REGION

春

夏

秋

Birdwatcher's Guide
TO THE
TAIPEI REGION

鳥類各部位名稱

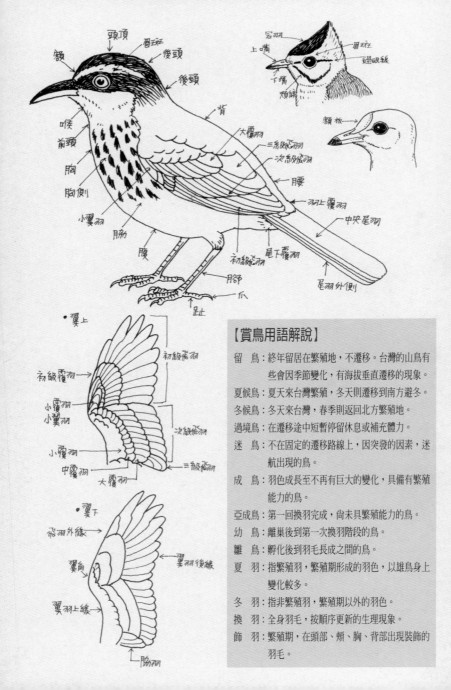

頭頂
眉斑
後頭
額
後頸
背
冠羽
上喙
眉斑
過眼線
下喙
頰線
喉
前頸
胸
胸側
大覆羽
三級飛羽
次級飛羽
腰
額板
小覆羽
脛
腹
羽上覆羽
中央尾羽
初級飛羽
尾下覆羽
跗蹠
尾羽外側
爪
趾

翼上
初級飛羽
初級覆羽
覆羽
小覆羽
小翼羽
小覆羽
中覆羽
大覆羽
次級飛羽
三級飛羽

翼下
飛羽外緣
翼角
翼羽後緣
翼羽上緣
腋羽

【賞鳥用語解說】

留　鳥：終年留居在繁殖地，不遷移。台灣的山鳥有
　　　　些會因季節變化，有海拔垂直遷移的現象。
夏候鳥：夏天來台灣繁殖，冬天則遷移到南方避冬。
冬候鳥：冬天來台灣，春季則返回北方繁殖地。
過境鳥：在遷移途中短暫停留休息或補充體力。
迷　鳥：不在固定的遷移路線上，因突發的因素，迷
　　　　航出現的鳥。
成　鳥：羽色成長至不再有巨大的變化，具備有繁殖
　　　　能力的鳥。
亞成鳥：第一回換羽完成，尚未具繁殖能力的鳥。
幼　鳥：離巢後到第一次換羽階段的鳥。
雛　鳥：孵化後到羽毛長成之間的鳥。
夏　羽：指繁殖羽，繁殖期形成的羽色，以雄鳥身上
　　　　變化較多。
冬　羽：指非繁殖羽，繁殖期以外的羽色。
換　羽：全身羽毛，按順序更新的生理現象。
飾　羽：繁殖期，在頭部、頰、胸、背部出現裝飾的
　　　　羽毛。

1. 您認為本書的內容詳盡、完整程度如何？
   □ 非常好　　□ 好　　　　□ 尚可　　□ 差　　　　□ 非常差
2. 您覺得本書的印刷或裝訂品質如何？
   □ 非常好　　□ 好　　　　□ 尚可　　□ 差　　　　□ 非常差
3. 您覺得本書的版面編排方式如何？
   □ 非常好　　□ 好　　　　□ 尚可　　□ 差　　　　□ 非常差
4. 您覺得本書的圖片精采程度如何？
   □ 非常好　　□好　　　　□ 尚可　　□ 差　　　　□ 非常差
5. 您覺得未來我們還可以增加哪些方面的主題？

1.自然生態	□ 非常需要	□ 需要	□ 無意見	□ 不需要	□ 非常不需要
2.文化藝術	□ 非常需要	□ 需要	□ 無意見	□ 不需要	□ 非常不需要
3.社區鄉土	□ 非常需要	□ 需要	□ 無意見	□ 不需要	□ 非常不需要
4.休閒旅遊	□ 非常需要	□ 需要	□ 無意見	□ 不需要	□ 非常不需要
5.人文歷史	□ 非常需要	□ 需要	□ 無意見	□ 不需要	□ 非常不需要

6.其他 _____

7. 整體而言，您對本書滿意程度如何？
   □ 非常滿意　　□ 滿意　　□ 尚可　　□ 不滿意　　□ 非常不滿意

8. 對於本書是否有其他意見？ _____

請填寫個人資料

您將成為本處「讀書會」成員，本處將不定期舉辦抽獎贈書及相關促銷活動〈相關訊息公布於本處網站「讀書會」留言版http://www.doi.tcg.gov.tw/reading_login.asp〉。

姓名：	性別：□男 □女　出生日期：　年　　月　　日
住址：	
聯絡電話〈日/夜〉： 職業：	
學歷：□國中及以下　□高中　□專科　□大學　□大學以上	
電子郵件信箱（必填）：	
購買地點：　　　市/縣　　　　　　　書局	
獲知叢書訊息地點：□書局　□親友介紹　□網站　□台北畫刊　□其他	
是否願意獲得本處新書訊息：□願意　　□不願意	

◎ 請再次確認是否填寫完整，直接將本問卷投入郵筒或傳真27205909，謝謝您的協助。

台北市政府新聞處第三科發行股　收

Department of information Taipei City Government

http://www.doi.tcg.gov.tw/reading_login.as

親愛的讀者您好：

非常感謝您對《台北生活叢書》的愛護與支持。

為了希望能讓大家「生活在台北─看台北生活叢書」，有機會多接近好書，我們期待您撥出幾分鐘時間，提筆寫下建議與意見，做為我們改進的方向。再次謝謝您的協助！

台北市政府新聞處

春

Birdwatcher's Guide
TO THE
TAIPEI REGION

二子坪步道

領 角 鴞 穿 越

在台北市要選一處四季都適宜的賞鳥點，

大概就屬陽明山國家公園了，

而在步道系統規畫完善的園區內，

又以大屯自然公園旁有「蝴蝶花廊」雅號的二子坪步道最具代表。

步道旁豎立的「領角鴞穿越」是全台唯一保護貓頭鷹的交通號誌；

春天取道北返的猛禽與原本就活躍的大冠鷲，

將天空點綴得十分熱鬧；

夏季是藍鵲及五色鳥的舞台；

冬季則為旅鳥的客棧，

如此豐富多樣的四季鳥類變化，確實是一條經典的賞鳥路線。

Birdwatcher's Guide
TO THE
TAIPEI REGION

【二子坪步道賞鳥路線導覽圖】

鳳頭蒼鷹

領角鴞穿越

巴拉卡山

巴拉卡公路

入口

停車場

七星站

往北新庄

大屯山自然公園

遊客服務中心

蝴蝶花廊

繡眼畫眉

二子山

陽金公路

大冠鷲

草原

大屯主峰

面天山

二子坪遊憩區

柑園

大屯西峰

松林

面天坪

竹雞

鶇科

三聖宮

小心，蛇

筒鳥

清天宮

紅尾伯勞

往北投

春

【二子坪步道】領角鴞穿越

【賞鳥路線】園區接駁公車到二子坪遊客服務站。從二子坪遊客服務站至清天宮，全程四‧五公里。清天宮可搭小6公車至北投。

【代表鳥種】常見鳥類有：台灣藍鵲、竹雞、五色鳥、大冠鷲，以及季節性鳥種：赤腹鷹、鶇科。

【餐　　飲】沿路無餐飲店，須自備飲用水；氣候多變，要帶衣物備用。

● 開闊的二子坪是觀賞猛禽的地點。

【鳳頭蒼鷹】
台灣特有亞種，普遍分布在闊葉林山區，少數個體會在都會的大綠地公園棲息，以小型鳥類、哺乳類及兩爬類為食。

　　身為台北市民其實很幸福，近郊便有一處國家級的後花園－－陽明山國家公園，可以遊山玩水。

　　陽明山國家公園的景觀和國內其他國家公園比較不同之處，在於它是以特殊的火山地質吸引遊客。園內的生物也極富特色，尤其是隨著四季變化的鳥相；在陽明山國家公園規畫的諸多步道系統中，賞鳥路線以大屯自然公園旁的二子坪步道最佳。

　　在廣闊的公園中選擇二子坪步道做為賞鳥路線是有其道理的，因為它是每年秋冬候鳥遷移抵台後的優先落腳地，這兒的林相、環境對一些森林陸鳥更是十分適合。這條路線有涼爽綠蔭的行走步道，空氣中除了充滿芬多精外，也夾著墨點櫻桃所散發如咖啡香味的葉香。二子坪大屯自然公園的風景相當美麗，甚至可望見台灣海峽，聰明的賞鳥人幾乎不會錯過這處觀鳥的好地方。

　　前往二子坪的交通，除了可在陽金公路上搭民營公車到觀音站外，也可搭國家公園園區的小型接駁公車前往，一般賞鳥人士都會採用這種方式，痛快的在這條遊覽路徑上消磨一整天。在觀音站下車可走左邊公園規畫的人車分

Birdwatcher's Guide
TO THE
TAIPEI REGION

道，先下坡進入森林步道，再上坡接巴拉卡道路，路肩立著一面醒目的黃色告示牌－－「領角鴞穿越」，提醒夜晚過此路段的車輛駕駛放慢車速，禮讓經常出沒於此的貓頭鷹優先通行。

　　未幾，映入眼簾的是一座原木搭建、可眺望竹子湖的平台，在這兒可遠望小油坑磺礦火山煙霧瀰漫的景色，晴朗的日子裡也可看到腰間白羽明顯的鳳頭蒼鷹在高空盤旋，偶然抖翅下壓的動作是牠的飛翔特徵，而牠也是這區域的頭號空中殺手，許多生物都對牠敬畏三分呢！平台前下方灌木叢裡的繡眼畫眉和山紅頭竊竊私語的聲音，充滿在陰暗的樹林底層，好像在告訴觀賞者這兒是牠們的地盤，請細語緩步，以免打擾到牠們棲居的環境。視線下端

● 領角鴞穿越。

● 眺望小油坑噴氣口的觀景台。

的竹子湖每年春季盛開天南星科的白色海芋，點綴在綠意盎然的葉片間，煞是美麗！海芋田中有時會有幾隻白羽小白鷺或黃頭鷺各自尋找食物，此時觀賞鳥類的眼力可要敏銳些，否則花鳥一色就會看不清楚了。竹子湖這處曾經是培育蓬萊水稻品系的谷地，今日也種植一些高冷蔬菜供人品嘗，假日裡遊客如織。

眺望台到二子坪大屯自然公園之間兩公里的路程熱鬧萬分，一路上開紫花的通泉草、葉片長滿細毛的金毛杜鵑（大屯杜鵑），以及滿山遍谷的簇葉箭竹，搖曳生姿，頻頻向人招手。小彎嘴畫眉也不甘寂寞的跳躍在箭竹間，展現牠粗獷的身材和羽色，對這種有寬黑眼線的鳥，人們給牠的綽號竟然是－－「帶眼罩的海盜」，其實如果這個綽號是指鴉科樹鵲的話，反而較符合事實，因為樹鵲的習性較兇猛鬼祟。

二子坪步道入口處設有遊客服務站，此處有分別登大屯山主峰與大屯山自然公園的岔路，依指示牌很容易就可找到二子坪步道的正確方向。夏季時的二子坪步道就像綠色隧道，兩旁茂盛的次生林相和無障礙步道邊，開著粉紅

【領角鴞】
分布於低海拔的一種貓頭鷹，離人類居所極近。眼紅色、鳴聲大部分時間為單音的「嘔」，很容易聽到，模仿其叫聲，也可得到牠的回應。

● 倒地蜈蚣。

● 平坦的枕木步道。

色小花的水鴨腳秋海棠，讓人盡情享受沿途怡人的美景。

在這段一‧七公里的密林步道裡賞鳥，對初級觀賞者而言是一件難度頗高的挑戰。行進間雖不時可聽到發自四周的鳥聲，但要在濃蔭間尋探牠們的身影卻十分不易，這時「聽音辨鳥」是唯一的方法。其實大部分的鳥都具有獨特的鳴唱方式，在台灣欣賞森林鳥類，只要練就一對聽得懂鳥語的耳朵，再能隱藏的鳥兒也無所遁形囉！五色鳥「叩、叩、叩、叩……」就像敲擊木魚聲；小彎嘴畫眉「哆、哆、哆、哆……」、「－嘎歸－」渾厚響亮的鳴叫，往往能穿透這片蟬聲吶喊的樹林；再仔細聽，輕細的「救急－」是發自於體型嬌小的山紅頭在樹林底層叢藪間的結群活動。

夏季二子坪步道的熊蟬聒噪的嘶聲常劃破天際，搔亂山間的寧靜，但美麗的台灣藍鵲卻讓熊蟬無法長久得逞，因為牠們喜愛把熊蟬當做主菜捕食，大自然的宿命往往便是如此。俗稱長尾山娘－－美麗的藍鵲，在早年也是人們捕捉的對象。台灣特有種的台灣藍鵲屬於鴉科，牠的羽色十分漂亮，藍色的身羽、黑色的頭頸、朱紅的嘴和腳、細

【小彎嘴畫眉】
台灣特有亞種，為中型的畫眉鳥，十分易見，常結隊在樹林底層跳躍，並在林道旁活動，叫聲獨特，是原住民鳥占的一種。

Birdwatcher's Guide
TO THE
TAIPEI REGION

● 步道旁最常見的水鴨
　腳秋海棠。
● 大琉璃金花蟲。

● 二子坪親水遊憩區。

【小啄木】
是中、低海拔間極為普遍的一種小型啄木鳥。常單獨行動、聲音尖細，不易引起注意，全身羽色以黑、白兩色為主。

長的尾羽、飄逸的飛行姿態，常留給人們深刻的印象。藍鵲的美早已馳名國際生物領域，因為牠有「巢邊幫手」的特殊習性，每當藍鵲繁殖育雛期，家族成員都會一起幫忙，因而贏得「好助手」的美譽。在陽明山國家公園，台灣藍鵲可說是代表性的鳥種，大方的在園區內遊走。

進入開闊的二子坪，立即見到右側二子山的完整輪廓，此地昔日為中興農場，是一處種植茶與松樹的平坦谷地，現已規畫成人工水塘供遊客戲水。在這開闊的環境裡觀鳥顯然容易多了，五色鳥立在枯松枝頭鳴唱；全身黑白相間的「小啄木」正在地下方樹幹攀轉覓食；白頭翁、繡眼畫眉在結滿串串紅果的墨點櫻桃樹上活動；晴天時仰望空中，除了可見小雨燕揮舞著像鐮刀的雙翼疾馳於天際外，也經常看到大冠鷲、鳳頭蒼鷹鼓翅輕鬆優雅的滑翔。有霧的時刻，白濛濛夾帶朝露的霧氣湧進二子坪親水公園的小山谷，那種在雲霧飄渺間的松林意境，讓人有如身處蓬萊仙土，視野雖然無法看遠，但霧中百鳥爭鳴彷如天上音籟，這些鳴聲可都是台灣小鶯、繡眼畫眉和頭烏線齊鳴的交響曲。

Birdwatcher's Guide TO THE
TAIPEI REGION

　　秋天的二子坪更有詩意,這兒雖無楓紅層層的景致,
卻有白茫茫的五節芒花穗迎風搖盪。雖然在陽明山國家公
園區內到處可見隨風搖曳的芒海,但二子坪芒海尤其壯觀
澎湃,景色彷彿千層浪花千堆雪。對台北市民而言,冬季
無法在周邊山區看到雪景,而二子坪的白色芒海或許稍可
彌補這分缺憾。

　　如果開車前來,這裡是賞鳥的折返點。如果不想原路
返程,可從步道一路下坡經面天坪、三聖宮,從北投復興
崗、淡水興福寮方向踏上歸途,此不但是一條賞鳥的好路
線,還可避開塞車的窘境。

　　繼續往前穿入這片芒草區,留意草叢內的動靜,這裡
可是粉紅鸚嘴最喜歡的活動地,通體栗紅色、下勾的短

● 綺麗夢幻的松林。

嘴，造形可愛，習慣群集在矮灌、草叢裡喧譁活動。

由此去面天坪約一‧一公里的行程，也是走在茂密的次生林中，因陽光甚少穿透，環境頗為潮濕。這段路經常有竹雞出現，此種體型圓滾、尾羽極短的小型雉類，是台灣低海拔山區相當普遍的鳥，很少飛行，習慣成群潛行在樹林或草叢底層，經常爆發連續性的「雞狗乖、雞狗乖－－」鳴叫，有時會在林道上漫步覓食，遇到驚嚇便分頭竄進林中躲避，頃刻再發聲尋找同伴。竹雞是很多產的鳥類，一窩能孵化十至十二隻幼雛，夜晚則採共同棲息，以防禦天敵的攻擊。一群竹雞常會圍成圓圈，頭朝外、尾部相互貼近，以半睡狀態防範天敵入侵，碰上危機時，便行動一致的奔離，這種突發的舉動，常令天敵驚愕失措，無法定神找尋攻擊目標，而這種在混亂中逃生的行為，在鳥類生態學上是相當著名的。

● 野鴉椿是二子坪代表性植物。

這條路徑過往的遊客較少，因而野生動物明顯增多，必須注意蛇類的出沒。面天坪前的柑橘園聚集著數十隻的赤腹松鼠，不怎麼怕人，過去這裡曾有「竹雞巷」的稱號，或許現在應改為「松鼠樂園」更為貼切！

Birdwatcher's Guide
TO THE
TAIPEI REGION

【赤腹鶇】
普遍的冬候鳥，出現自低海拔到中海拔樹林，常在地面活動。背部暗褐色，腹部大致為橙黃色，下腹白色。

　　過面天坪亭台，右邊是去向天池的岔路，直行才是清天宮，這裡也是陽明山欣賞秋冬過境候鳥的好地方。因為一些候鳥從北方出發渡海抵達台灣後，都會先在陽明山區良好的環境裡休息一段時間，等體力恢復並適應環境後，再繼續牠們的旅程。所以在這裡不但可以看到候鳥中以山林棲息環境而居的陸鳥，如鶯科的短翅樹鶯、極北柳鶯，也可看到喜歡在陰涼底層枯葉活動的鶇科，白腹鶇、赤腹鶇……等；當然在大屯自然公園水池或夢幻湖，有時也會出現一些飛到此地避風躲雨的雁鴨和水鳥。

　　由面天坪一路下山約一‧六公里，行經三聖宮後即抵終點清天宮。一年四季，無論何時，二子坪都是適合台北市民消磨一天的賞鳥路線。

社子尖（葫蘆島）

濱鷸的避風港

霪雨綿綿的冬日，濱鷸群縮著頸項，
單腳佇立在退潮的沙洲上，灰褐的羽毛，
融入蕭瑟迷濛的冬色裡；
每年秋冬至春天時節，旅居在淡水河域的水鳥，
大半要從這兒通過補給，
被人們遺忘的都市邊陲，
卻是旅鳥最重要的依靠；
愈是惡劣的天候，愈會出現稀罕的怪鳥，
社子尖這處夾在兩河流域的沙洲，
無疑是旅鳥最佳的避風港。

Birdwatcher's Guide

TO THE
TAIPEI REGION

【社子尖賞鳥路線導覽圖】

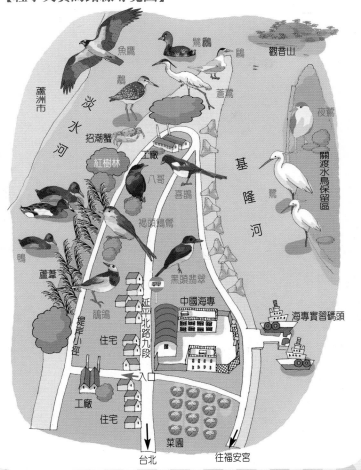

魚鷹
鷺鷀
鷗
觀音山
蘆洲市
淡水河
鷸
蒼鷺
夜鷺
招潮蟹
紅樹林
工廠
八哥
喜鵲
關渡水鳥保留區
鷺
基隆河
褐頭鷦鶯
鴨
蘆葦
黑頭翡翠
鶺鴒
中國海專
堤岸小徑
延平北路九段
海專實習碼頭
住宅
住宅
入口
工廠
菜園
往福安宮
台北

【賞鳥路線】紅10、215公車終點站中國海專下即是堤岸口,全程二公里。

【代表鳥種】含蓋大部分冬候的水鳥:尖尾濱鷸、小環頸鴴及陸鳥,稀有的鳥種則有:黑面琵鷺、軍艦鳥、白翅黑燕鷗等。

【餐 飲】無餐飲店,須自備飲用水。

● 社子島是北市最大的一處蔬菜生產地。

到葫蘆島觀賞稀有鳥類是七十年代一些鳥友共同的回憶，但對年輕一輩的賞鳥者來說，葫蘆島在哪？卻是一臉茫然。原來它就是現在的社子一帶，從地圖上看，它像一隻鴨頭形狀，社子尖就是鴨嘴位置。其實把延平北路七段、中國海專附近的這地方叫做島是有點不妥，畢竟它不過是基隆河及淡水河流域經過漫長歲月所沖積形成的一塊沙洲地。這塊沙洲在防風堤未完成圍繞之前，每逢颱風豪雨或淡水外海潮水高漲的季節，不是被洪流淹沒，就是積水盈尺，由遠處望去，就如水中浮島般孤獨。

目前同好來此賞鳥都已改稱到社子尖了！社子尖的鳥況與關渡濕地相較，毫不遜色，短短的一段堤岸小徑，歷年來發現的稀少鳥種甚至比關渡還多，唯一不方便的是交通問題。早些年，去社子尖簡直像去偏遠孤島，舟車轉換的辛苦就會讓一些初入賞鳥領域的朋友打退堂鼓。如今，不論從台北市中心出發或由捷運劍潭站轉乘公車，都很方便又快速，只需約四十分鐘車程，便可從都市抵達另一個區域體驗鄉村田園的氣氛。社子尖因位於疏洪帶，一切開發都受限法令制度，都會設施極少，但也因此保留了這處

【尖尾濱鷸】
普遍的過境鳥及冬候鳥，常小群出現在沙洲、淺水田活動。背部為灰褐色，淺色羽緣明顯，腹部白色，有黑色斑紋。

【小環頸鴴】
普遍的冬候鳥及少部分的留
鳥。出現在沙岸、沼澤、稻
田。眼周圍有金黃色，環腳
橙黃色。冬天經常成龐大的
隊伍，動作劃一，陣容十分
壯觀。

● 水筆仔是淡水與鹹水
交匯處的指標植物。

不亞於關渡平原濕地的賞鳥樂園。此外，社子尖還有一項鮮為人知的特色，就是這裡是台北市最大的一處蔬菜種植專業區，台北市民食用的蔬菜有一大部分是來自於此。

到社子尖賞鳥要記得準備遮陽傘、帽及飲用水解渴，因為沿線幾乎沒有店家可以補充。在抵達中國海專起始處，有一家小型超商，但只配合學生的作息營業，通常假日也跟著休息，至於盥洗則必須向中國海專商借。

當搭公車抵中國海專終點後，可以看到在民家門口屋簷樑壁間築巢繁殖的家燕，另外也有赤腰燕的蹤影和巢穴，可以輕易的分辨出二種燕科鳥類的差異。論體型，赤腰燕比家燕大，腹部有縱斑紋，背腰部是橘褐色，而家燕腹部是白色的。這二種鳥類的巢座造形也截然不同，家燕呈朝天碗狀，赤腰燕是隧道形，出入口則設在兩旁。在台北要欣賞到赤腰燕密集繁殖的情形可說相當困難，只有社子尖、北投、竹圍等少數地區可見。

走入小巷，只見傳統農家的屋頂上，黑色的小武士大卷尾和純種八哥互相叫嚷爭寵，想引起觀鳥人士的注目，麻雀則自顧自的啄食著雞鴨家禽飼槽盆裡的穀粒。上了河

【大卷尾】
烏秋，台灣特有亞種，普遍出現在全島平原及低海拔樹林。繁殖期也會築巢在都市的電線上。全身黑色，尾長、分岔。領域性很強，常追逐侵犯地盤的其他鳥類及人。

● 初春或蕭瑟的冬日是社子島最好的賞鳥季節。

堤，便進入賞鳥精華區，如果純粹散步，大約只需十幾分鐘，便可繞行完這一小段淡水河與基隆河的堤防。

　隆冬時節候鳥到訪之際，賞鳥人往往一待便是半天。堤岸旁蘆葦叢裡黑臉鵐很多，在此觀察甚為容易。牠們和鶺鴒科鳥的尾羽外側都有兩道白羽，黑臉鵐喜歡在蘆葦叢裡穿梭活動，時而發出「咪－－」的細語，而黃鶺鴒卻常站在蘆稈頂端隨風搖動尾羽。初冬，大葦鶯也是社子尖沼澤地的常客，牠們的鳴聲常把野鴨的丰采給搶盡了。

　稀有的陸鳥攀雀，北部第一筆的發現紀錄就是在社子尖環境。猶記得那回也讓筆者鬧了一個大笑話，竟然糊塗的告訴身旁的同伴：「那隻紅尾伯勞亞成鳥好小哦！」天啊！牠可是稀有少見的攀雀，怎會是普通常見的紅尾伯勞呢？！從那次誤判鳥種陰溝裡翻船後，現在賞鳥時對鳥類的辨識便顯得保守慎重了。攀雀在台灣是一種很罕見的候鳥，那次出現在社子尖的族群，還是從中國大陸長江口崇明島繫放（在鳥足上繫環放飛）飛抵的迷航鳥。

　在鴨嘴尖端可眺望昔時「干豆門」的景象，這處百年前過往商船帆檣林立的大湖泊，今日已成旅鳥遷徙的避風

【黑臉鵐】
普遍的冬候鳥，出現自平地到低海拔山區。體型與麻雀相似。雄鳥頭部灰黑色，尾羽兩側白色。通常單獨活動在低矮的草叢、灌木叢間。

Birdwatcher's Guide
TO THE
TAIPEI REGION

● 從社子尖眺望關渡平原上的自然中心。

● 二河交界的水域是上溯候鳥的必經地。

【黑腹濱鷸】
不普遍的冬候鳥，常成群
快步行走於潮間帶覓食。
冬羽背部為灰色，腹部白
色。繁殖羽背部呈褐色，
腹部為黑色。

補給港。淡水河岸旁社子尖的視野遼闊，在此欣賞候鳥比
關渡紅樹林濕地保留區更佳，站在堤岸上就可清楚看到由
各方飛往基隆河澤地的水鳥，以及一波又一波的水鴨低空
掠過，上溯淡水河的美麗倩影。

　　如果把關渡平原濕地當做是秋冬候鳥的棲息地，那社
子尖的外灘則是牠們的覓食區。大批的鷸鳥類早就把此地
當做牠們的五星級餐館了，因為這兒兩河匯集沈積的泥
灘，蘊藏了豐富的底棲水生物，足夠讓牠們想吃啥就有
啥。退潮時的泥灘上特別熱鬧，網紋招潮蟹趁機布滿泥
灘，接受太陽溫暖的日光浴，貝類微張硬殼進食，活潑的
彈塗魚則在濕潤的灘地玩起追趕跑蹦跳的遊戲。此時濱鷸
群一字排開，快步的追逐探啄泥沼裡的軟體動物，青足
鷸、鷹斑鷸則飢不擇食，挑了幼蟹囫圇吞的一副又食又吐
的窘狀，令人懷疑是否有此必要？當然最後牠們還是心滿
意足的飽餐一頓。比起青足鷸、鷹斑鷸，那雙足鮮紅色的
高蹺鴴就顯得文雅多了，牠多半會以優雅緩慢的步伐在泥
灘上尋找沙蠶或紅蟲，而狀似沉思的「中杓鷸」其實是在
等待良機，以便一舉「大彎嘴」啄食貝類。

● 潮間帶的提琴手－－招潮蟹。

● 繁衍迅速的水筆仔。

　　遇上潮汐變化時，則是觀賞黑腹濱鷸成群飛舞的最好
時機，這種畫面在關渡濕地早已消失了！在這兒成百上千
披掛著灰褐羽衣的黑腹濱鷸，整齊劃一的飛行姿態，不禁
令人猜想族群內是否有一隻發號司令的首領鳥？鷸群急速
下降停在泥灘，那種半睡半醒輪流守衛式的休息，更使人

● 海專實習碼頭。

【喜 鵲】
不普遍的留鳥，常小群一
起出現在平地、海邊、曠
野。全身大致呈黑藍色，
泛金屬光澤，雙翼有明顯
的大白斑。飛行速度緩
慢，同時發出「洽卡、洽
卡」的粗啞叫聲。

欽佩牠們的團結合作。由於社子尖河面廣闊，一些喜愛大
片水澤的雁鴨鳥類更選擇在此棲息，如花鳧、豆雁和冠鷿
鷉就不知道吸引了多少賞鳥同好的目光。

　　此地觀鳥的季節可從中秋之後一直持續到隔年清明，
尤其在微雨輕飄的日子，到社子尖的灘地細心觀察，常會
有意外的收穫。架起高倍數單筒望遠鏡慢慢搜索，會發現
涉禽類的鷺科鳥類和游禽類的雁鴨，以及許許多多的鷸鴴
岸鳥與鷗類。看到栗小鷺、黃小鷺飛過也不要驚奇，因為
牠們都是這裡常見的鳥種。如果看見稀有的黃頸黑鷺、白
鸛或小天鵝出現，那才是幸運的賞鳥之行呢！近年來，在
此曾記錄到較為特殊的黑面琵鷺、軍艦鳥、白翅黑燕鷗、
黑頭翡翠、毛足鵟……等，令人驚艷稱慶。在這裡可以看
到關渡濕地紅樹林外圍地區的一些鳥種，正好相互彌補兩
地的賞鳥紀錄，因此社子尖路線被賞鳥族視為相當重要的
地方。

　　聰明的喜鵲竟然把巢構築在附近廢棄的採沙廠所遺留
的起重吊機的前桿頂端，可說是被銅牆鐵壁圍護的最佳住
宅，縱然歷經無數歲月的風吹雨打，仍完整如初，甚至有

Birdwatcher's Guide TO THE
TAIPEI REGION

越來越大的趨勢。此外，棕沙燕也快樂的在泥沙堆積的丘地築巢生兒育女，族群繁衍使這裡的鳥況更可觀。

　　經過潮流觀測屋和中國海專後門的環岸道時，可至海專停在碼頭的實習船上瞭望一番，美麗的關渡濕地平原盡收眼底。在返回原下車點之前，會經過菜農耕作的園地，八哥、灰頭鷦鶯、喜鵲……等都在那裡頑皮的喧鳴跳躍，好似在邀約。再繼續走下去，經常會遇到數十隻的灰椋鳥聒噪的佔據枝頭！如果時間允許又不覺得太累，堤上的小徑可以通往社子福安里，沿途的景觀另有一番風情，整段行程慢慢走，詳細賞鳥還得再花上二個小時。在社子尖賞鳥隨時會出現意外的樂趣，總令人欲罷不能……。

鵝尾山步道

尋找最後的綠鳩家族

如同早年定居在鵝尾山中的先民，

隨著生活形態的改變，

逐漸遠離山居；

大部分的綠鳩像蒸發般的消失，

只剩最後的家族在空曠的山谷迴盪低鳴。

鵝尾山步道曾經是平等里山中住民聯外的主要通道，

今日已成為懷舊的踏青古道。

沿著穿越林木的石板小徑，

聞著清淡的柚香，

尋找最後的綠鳩家族吧！

Birdwatcher's Guide
TO THE
TAIPEI REGION

【鵝尾山步道賞鳥路線導覽圖】

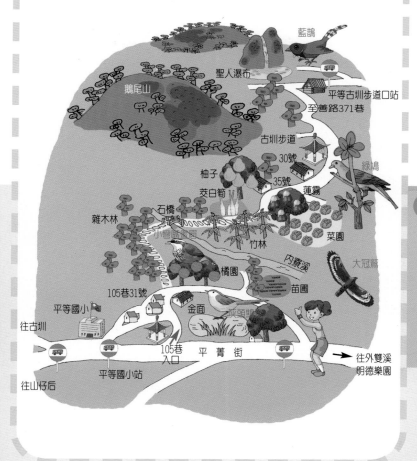

藍鵲

聖人瀑布

鵝尾山

平等古圳步道口站
至善路371巷

古圳步道

30號

柚子

35號

綠鳩

蓮霧

茭白筍

石橋

雜木林

小彎嘴畫眉

竹林

菜園

內雙溪

大冠鷲

橘園

苗圃

105巷31號

金面

紅頭山雀

平等國小

往古圳

105巷
入口

平菁街

往外雙溪
明德樂園

平等國小站

往山仔后

【賞鳥路線】在劍潭捷運站搭乘公車小19或首都303抵平等國小站，
自平菁街一〇五巷進入一百公尺即見步道指標，出口為內雙溪瀑
布，全程四公里。出口處有小18公車至劍潭捷運站。

【代表鳥種】低海拔鳥類：樹鵲、大冠鷲、綠鳩、繡眼畫眉等。

【餐　飲】無餐飲店，須自備飲用水。

035

● 鵝尾山步道曾經
是平等里住民主
要的聯外道路。

如果想找一條在森林綠蔭下的古道賞鳥，平等里往內雙溪的鵝尾山步道是很好的選擇。

鵝尾山步道是早年平等里住民將農作物挑擔下山及漳州移民祭祀掛香的主要通道，全程約三公里的下坡路，前段為濃密樹林下的狹窄石階，後段為車輛稀少、視野開闊的柏油路，無論假日或平時的遊客都不多。能離開喧雜的城市來古道尋幽，省錢又懷古，更何況這條步道適合全家大小一起遊玩，唯一要注意的是，在多雨潮濕的季節前往時，必須特別留意腳步的安全。

目前到平等里的聯營公車班次已增加，交通比以前方便，可於劍潭捷運站轉搭公車小十九取道外雙溪，或搭三〇三經仰德大道，都可以到平等里。一路所見盡是奇花異木、蔬菜果樹，不愧是台北地區的農業發展區域。在平等國小站下車後，給人的感覺就好像真正進入農耕社會，路旁擺攤販賣花果蔬菜的居民親切的招呼和熱情的奉茶，讓人有如回到家鄉般的溫暖。平等里站旁的古榕樹上，樹鵲早已站在那裡等候賞鳥客的光臨。春天開滿小黃花的相思樹上，綠繡眼和大卷尾爭先佔據最好的位置，各自覓食花

【樹 鵲】
台灣特有亞種，普遍出現在平地到低海拔樹林間。體型大，尾甚長。全身以棕色為主，頭鼠灰色，雙翼及尾黑褐色，有明顯白色翼斑。常成群出現，叫聲沙啞、聒噪。

Birdwatcher's Guide
TO THE
TAIPEI REGION

春

【鳶尾山步道】尋找最後的綠鳩家族

● 步道入口的菜園可觀
　賞到的鳥種不少。

● 平等里古圳上有到
鵝尾山的指示牌。

蜜和昆蟲。走到平菁街一〇五巷口，可看到一座跨過水圳
的涼亭，一旁豎立著前往鵝尾山指示牌，在此休息片刻整
理一番，就可轉入平等里至內雙溪的賞鳥路程了。

　　在巷口坡地上可見一畦畦的高麗菜及各種排列整齊的
花卉植物，繽紛的色彩令人眼睛一亮。路旁禾本科植物的
花穗果實吸引不少斑文鳥、尖尾文鳥來覓食，而台灣鷦鶯
與褐頭鷦鶯更是爭寵般的出現在花草之間「笛答」吶喊，
想給賞鳥人一個驚喜。不知從那裡飛來的黃頭鷺則在農園
埂間飛上躍下撲食蚊蠅。這樣的農村景色，對都會的民眾
而言不知有多少歲月沒有接觸了。昔日農家常捉來黃頭鷺
關在豬圈牛舍裡幫忙捕殺蚊蠅，這種既環保又省錢的方
法，是今日都會居民無法體會的生活智慧。平等里居民有
如桃花源般的純樸生活，令人印象深刻。

　　行走約一百公尺，來到一處民家，簷前掛籠裡的八哥
「人客來坐……人客來坐」的歡迎聲，使人莞爾！磚屋旁那
棵破布子樹已被整修得光禿禿但仍生意盎然，走過小彎巷
牆外的石階便是古道的起始，不用猶豫，逕自往下走，綠
蔭深處就是等待賞鳥人發掘的美好世界！

【黃尾鴝】
不普遍的冬候鳥與過境
鳥，多出現於平地空曠
處。喜歡停棲在突起物
上，上下擺動尾羽。雄鳥
頭頂灰色，臉及背部為黑
色，腹部橙色。雌鳥全身
大致呈黃褐色。

Birdwatcher's Guide
TO THE
TAIPEI REGION

● 覆蓋在密林下的步道。

　　開始賞鳥啦！家燕、洋燕在身旁低空飛舞覓食，歡迎喜愛自然的人們光臨。家燕是世界上分布廣泛的鳥種，也是幾種最接近人類的鳥兒之一，在古典的詩詞頌句中佔有極多的篇幅與讚美。劉禹錫的〈烏衣巷〉詩云：「朱雀橋邊野草花，烏衣巷口夕陽斜，舊時王謝堂前燕，飛入尋常百姓家。」便是描述家燕。

　　下坡石階行進時要注意腳步踩踏的安全，環繞鵝尾山山腰的密林小徑時會看到低海拔山區的鳥類出現在林木間活動，其中繡眼畫眉、小彎嘴畫眉和黑枕藍鶲是常客，而來自鄰近陽明山區的烏鴉則成了這裡的稀有鳥種。秋冬季節的候鳥，包括：黃尾鴝、藍尾鴝，甚至鶇科的鳥類也會把這裡當成棲息地，此時白茫茫的雲霧瀰漫，有如仙境一

●跨越內寮溪的石橋。

般,而竹雞「雞狗乖～雞狗乖～」的鳴聲則劃破山谷,把人拉回了現實。

　　沿途天南星植物的跋契、楠科的肖楠綻開的花苞和嫩芽,使人了解植物生長的奧妙。行至山谷底處有一座小石橋越過內寮溪,站在石橋上,四周新鮮的空氣讓人忘掉煩惱,橋下清澈的溪水,上升的水氣頓時使人頭腦清醒,而溪中岩石上的紫嘯鶇不時傳來怪聲,讓人不得不注意牠的存在和行蹤。這段溪流有二個紫嘯鶇家族在經營牠們的棲息區,已經過了很久的歲月,各自活動的地盤倒也相安無事。

　　自平等里入口到這裡的賞鳥登山路線是採用花崗石堆砌的石階,行程大致輕鬆;跨過石橋後半段的古道則仍保有百年前的韻味,那長滿青苔、斑痕點點的石階,完整的躺在地面迎送過往的民眾,大約再走一百公尺,便結束了林下穿梭的路途。平坦的步道右側山谷開闊,可眺望五指山系,左側山坡是一畦栽植茭白筍的梯田和改植芸香料白柚與桶柑的果園。成群的山鳥飛翔於果樹四周,仔細觀察,才發現牠們正在騷擾白晝休憩的領角鴞。領角鴞俗稱

●茭白筍田。

Birdwatcher's Guide TO THE
TAIPEI REGION

春

【鵝尾山步道】尋找最後的綠鳩家族

【筒 鳥】
中杜鵑。普遍的夏候鳥，出現在平地到高海拔山區。每年自三月起，在台北盆地四周的郊山很容易聽到牠「噗噗--噗噗」的特殊鳴唱。

「貓頭鷹」，是夜行性食肉猛禽，一直在山間扮演著控制齧齒野鼠成長的角色，當然還有大冠鷲或台灣松雀鷹，不過領角鴞始終是主角。

　　步道盡頭有幾間民房，仔細一瞧門號竟然是至善路三段三七一巷，這時才知道已經進入內雙溪山裡的路段了。從尚存留石基土壁的民房，可想像原來傳統的三合院形式，但因生活水平提升，大部分已改建二樓鋼筋水泥屋了。從屋前的小池塘及周遭的蔬果植栽觀察，仍不失山居的形態。白腹秧雞在池塘邊遊走，甚至還帶著幼雛一起活動，那種天倫之樂使人羨慕。幸運的話，筒鳥或黑冠麻鷺也會同時出現在附近的樹上。筒鳥是初夏的候鳥，會在平等、雙溪山巒中度夏繁殖，牠會在褐頭鷦鶯巢中托卵。而

● 至善路三段三七一巷底的紅磚石厝。

黑冠麻鷺在此也已有幾代的繁殖紀錄，要不是農家整地翻建農舍，破壞了牠的繁殖習性，這對黑冠麻鷺恐怕就長留下來了。

　　穿過農家的蓮霧老樹便是寬闊的柏油產業道路，視野頓時放大，此處是歇腳及觀鳥的好地點。山谷中的小雨燕和毛腳燕等擅於飛翔的燕子，飛行技術讓人嘖嘖稱奇；不過用望眼鏡觀賞時有點困難，常無法從望遠鏡中鎖定牠們的身影。天氣較陰的日子，山區會有白腰雨燕夾在雨燕群中飛行，這時便是好機緣，可讓人詳細分辨鳥種了⋯⋯。三七一巷三十號民宅兩旁高聳的山黃麻，是綠鳩清晨群集的會所，這種粉綠色大型的鳩鴿，在台北地區可是難得一見，偶爾也僅只在郊山聽到牠發自遠方孤獨吟唱的「嗚－嗚哇－嗚哇－嗚」聲，在這裡幸運的話，一次可看個十來隻呢！

　　順著至善路三段三七一巷產業道路一路輕鬆下山，在觀景賞鳥中不知不覺來到步道終點，出口旁石屋前便是公車「平頂古圳」站牌，可在這裡候車結束行程，或轉向附近內雙溪聖人瀑布觀賞溪澗鳥類。夏季來此溪流戲水的遊

【綠鳩】
台灣特有亞種，常小群活動於低海拔山區，偶爾出現在都市的大型綠地。背部大致為橄欖綠色，胸部為黃綠色，低沈且連續的「嗚哇－－嗚哇－－嗚哇」鳴叫聲，令人印象深刻。

Birdwatcher's Guide
TO THE
TAIPEI REGION

客如織，使賞鳥的活動大受影響，但如果是秋天就不同了。溪澗的鳥類如：紫嘯鶇、鉛色水鶇、白鶺鴒和鷺科水鳥都不怕生，深秋冬初還有候鳥黑臉鵐、樹鷚，甚至黃雀都會在草叢松林裡活動。

● 步道沿途種植不少柚子。

雨季或遊客稀少時，聖人瀑布頂端樹上常會有台灣藍鵲在那裡尋覓避雨的攀木蜥蜴或甲蟲。這兒的藍鵲受到了特別的禮遇及保護，因為聖人瀑布屬陽明山國家公園管理處的範圍。此外，為防止站在高壓電線上的台灣藍鵲在雨中遭到電擊，台電公司也在附近的高壓電線上裝置絕緣體來保護牠們，充分顯示人類尊重自然的態度。

總之，到鵝尾山步道賞鳥，四季都適合，當然還是建議由平等里出發下行古道，這樣會比較輕鬆！

天母古道

邂逅夢幻之鳥

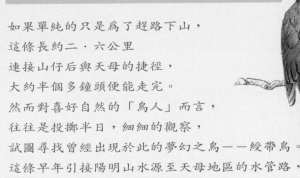

如果單純的只是為了趕路下山，
這條長約二‧六公里
連接山仔后與天母的捷徑，
大約半個多鐘頭便能走完。
然而對喜好自然的「鳥人」而言，
往往是投擲半日，細細的觀察，
試圖尋找曾經出現於此的夢幻之鳥——綬帶鳥。
這條早年引接陽明山水源至天母地區的水管路，
如今成為平坦的休閒林蔭步道，
是適合親子活動的大自然戶外教室。
近年來，這裡幾度出現一些稀有的過境鳥，
因而逐漸成為賞鳥人固定的觀察路線。

Birdwatcher's Guide
TO THE
TAIPEI REGION

【天母古道賞鳥路線導覽圖】

天母圓環
中山北路七段232巷
別墅區
三角埔發電廠
190巷
樹鵲
石階
190巷
烏尖連山
往芝玉路
古厝
番婆嶺
菜園
龍眼樹
綬帶鳥
大亭子
大冠鷲
加壓室
石壁
五色鳥
磺溪山
磧二號
小亭
梯田
藍鵲
水源地
白頭翁
文化大學
相思樹休息區
陽明天主堂
竹林
步道指示
石階 入口
愛富三街12巷
櫻樹
仰德大道
陽明山
士林
山仔后站

春
【天母古道】 邂逅夢幻之鳥

【賞鳥路線】搭公車303.小15在陽明山山仔后站下車,自愛富三街步道口,至天母出口中山北路七段二三二巷,全程二‧六公里。

【代表鳥種】台灣藍鵲、五色鳥、大冠鷲;冬季過冬及春天過境的陸鳥。

【餐 飲】無餐飲店,須自備飲用水。

● 天母古道入口。

【綠繡眼】
普遍的留鳥。身體嬌小，
通常成群活動，出現在平
地到低海拔闊葉林間。是
都市行道樹間常見的鳥種
之一。

　　在林木茂密的天母古道徒步觀賞生物景觀，絕對是一
項輕鬆愉快的假日休閒活動，因為在這裡只要按照台北市
政府規畫的步道行進，便可毫不費力的盡情享受大自然的
無限寶藏。天母古道之所以有如此優美的環境，主要是因
為此山谷的對岸就是陽明山國家公園的範圍，在愛鳥及屋
的關懷下，自然而然也成了鄰近的景點，並因此而紓解了
陽明山國家公園的人潮。當然，天母古道清澈的山澗溪水
及日據時期興建於一九三○年的水源管控所內古屋的神秘
傳奇面紗，是吸引喜歡尋幽的民眾前往的因素之一。

　　到天母古道遊玩相當方便，遊客、自然觀察者可各取
所愛，以停留時間的多寡去決定如何進行，例如就有人執
著於由天母地區走中山北路七段二三二巷一弄辛苦的爬坡
前往。在此，建議賞鳥者可從陽明山山仔后站開始，因為
這條路是下坡路，走起來比較輕鬆自在。

　　在山仔后車站準備進入天母古道時，發現車站附近民
家高聳的圍牆旁有一排椿花老茶樹，讓人嘖嘖稱奇。在日
本的城鄉也有以椿花茶樹做行道樹，那種茶花盛開所呈現
的早春景致，絕對是一級棒。在椿花茶樹間可見到俗稱

Birdwatcher's Guide
TO THE
TAIPEI REGION

● 眺望紗帽山山谷。

● 平台的相思樹經常有五色鳥棲息。

「青笛仔」的綠繡眼忙著尋找蚜蟲或花蜜，對這種身體嬌巧的小鳥，多數人過眼不忘，因為牠那環繞眼睛的白色眼眶是那麼特殊。綠繡眼和麻雀、白頭翁並稱為都市中常見的鳥類「三俠客」，牠對鮮紅的色彩有偏好，因此若想欣賞牠的蹤影，可替牠營造一些環境或食物，比如多種一些朱槿、猩猩紅（聖誕紅）或開紅色花朵的玫瑰……等植物，牠便會被誘引而來了。

　　穿越仰德大道進入愛富三街，呈現在眼前的是一排排獨門單院的歐美鄉村住宅和庭園綠地，讓都市來的民眾羨慕不已，清新的空氣、開闊的視野在在顯示良好的居住品質。庭院裡栽植高大的相思樹、鳳凰木及青楓植物，春天鵝黃細小的相思花，暑夏盛開火紅的鳳凰花，深秋則層層楓紅，景色替換彷彿告訴人們四季之美。這裡也是賞鳥的好地點，除了「都會三俠客」外，樹鵲、斑頸鳩及低海拔常見領域性強的大卷尾……等都可輕易觀賞到，然而要提醒大家的是，在賞鳥時請勿大聲喧譁，以尊重當地民眾。

　　順著小巷來到陽明天主教聚會堂，從洗石子大門往裡看去，改良過的唐式建築古樸寧靜而莊嚴，院內花木扶

【斑頸鳩】
台灣特有亞種，是都市行道樹間與公園常見的鳥種之一。背至尾部灰褐色，頸側到後頸黑色，有細密的白點。常發出「咕、咕嚕、咕」的鳴叫。

Birdwatcher's Guide
TO THE
TAIPEI REGION

● 相思樹製成的炭材。

● 竹林覆蓋下的石階。

【紅嘴黑鵯】
台灣特有亞種。全身大致
為黑色，嘴、腳紅色。常
成小群在樹林上層活動，
行徑活躍，相當聒噪。

疏，濃密的老榕上，鳴聲輕脆的黑枕藍鶲忽隱忽現的在枝葉中和人們大玩捉迷藏。黑枕藍鶲是活躍敏捷的鳥，牠那深藍的羽色常讓初次賞鳥的人驚艷。沿著十二巷下坡約二百公尺，可看見清楚的步道入口，但可別忙著鑽進竹林密遮的石階，因為在延伸的巷道兩旁有櫻樹及柏樹，這是許多鳥類喜歡嬉戲的地方。

回到步道口詳閱指示牌的說明，便正式踏入這條又稱「水管路」的小徑，二百四十階的下坡石梯，夾在兩側蔽天的竹篁綠蔭中。石階下端右側岔路通往水源地，但是謝絕遊客進入，左側為一片開闊的雜木林，幾棵高大的山黃麻是台灣藍鵲經常逗留的棲所。

結束下坡石階，接著是長約一公里的平坦石板道，左側為山壁，右側為原木桅欄隔離的斷崖，整段路徑舉目可見粗大的相思樹，這種早年用來加工製作木炭的樹材，絕對是人們印象深刻的歲月憶痕之一。

天母古道是生物豐富的戶外自然觀察教室，尤其是孩童對爬行在樹幹上好像小恐龍的攀木蜥蜴會特別感到興趣。山谷裡到處可聽見紫嘯鶇奇特的嘶吱鳴叫聲、樹梢紅

Birdwatcher's Guide
TO THE
TAIPEI REGION

嘴黑鶇落單後發出喵喵的求救聲和樹鵲眊噪的集體鳴聲……。在這條沿著山壁的小徑賞鳥，主要以觀賞低海拔山林留鳥為主，幾處眺望小油坑斷層山谷的觀景台，容易發現盤旋山區的大冠鷲，正以牠獨特的鳴聲「忽、忽、忽悠、忽悠……」宣示自己的領域範圍，頓時讓人想起已經進入鳥類的世界了。春末夏初時，一些老樹上也常發現大冠鷲、五色鳥正忙著繁殖育雛。秋冬的天母古道也是適合賞鳥的季節，鶇科鳥類我行我素的在陰暗樹林底層忙碌的尋找獵物，補充度冬的能量；珍稀的綬帶鳥也常蒞臨到此過冬，這種雄鳥擁有一對長於身體數倍的尾羽，全身為暗紫藍色，圓滾的大眼珠旁鑲繞一環寶藍色眼眶，如此夢幻般的特殊外形，常吸引著成群的攝影愛好者架起大砲般的長

● 步道入口。

● 輸水管加壓室。

【紫嘯鶇】
台灣特有種，是溪流山澗常見的鳥。全身為靛藍色，在陽光下呈琉璃光澤，繁殖期鳴唱聲婉轉。

鏡頭，鎮日駐守在牠們的出沒處，伺機捕捉畫面，不知情的遊客往往對這景象，丈二金剛無法理解。

在天母古道賞鳥除了聆聽自然美妙的音籟，沿途茂密的森林裡充滿芬多精的山谷清風，一路上吹得人頭腦清醒。許多去天母古道的人或許還無緣面對一種保育類野生動物－－台灣彌猴，幸運的話，說不定能碰上母猴懷抱小猴，身手矯捷的遊走於林木間的鏡頭。

穿過這段沿壁水道觀察生物時，感到出奇寧靜，耳邊傳來的只有蟲鳴鳥叫、風聲及山溝潺潺的水聲。來到小道與另一下山石階的銜接處，會遇到一間石屋，原來這裡就是天母湧泉的加壓室，位於黑色大水管旁的涼亭，遊客在此可大口吸氣、緩慢吐氣的自然運氣，並俯瞰腳下的天母景觀。此地到天母的路徑也是下坡石階，一路輕鬆。未幾，便抵達中山北路七段一百九十巷底的番婆嶺，古老的龍眼樹深皺醒目的樹皮和白柚花清香的芬芳，是這裡最吸引人的地方。此處原為種植龍眼的聚落，刻意保存的「一字龍」紅磚厝與新建的豪宅間仍留有相當數量的龍眼老樹，老屋與水塘經常有一些路過的鳥群在此歇腳。取道一

Birdwatcher's Guide
TO THE
TAIPEI REGION

百九十巷可走柏油路下坡，沿途欣賞豪門庭院，直抵天母圓環。

若再沿石階下行四百公尺，就與中山北路七段二三二巷交會，此處即為長約二‧六公里的水管路步道的出口，右側林內佇位著歷史悠久的三角埔發電廠，當行至天母圓環公車總站時，位於中山北路二三二巷的別墅庭園裡，花木上柳鶯及稀客桑鳲像附加的贈品般現身，他們顧不得嬌弱的形象，大快朵頤的吃起即將冬眠的蚜蟲……。輕鬆結束天母古道的賞鳥行程，相信在返家的途中，腦海中所湧現的將是各種鳥兒的美麗情影，以及沿途所見所聞的美好回憶。

● 番婆嶺路段沿途皆是老龍眼樹。

內溝里步道

藍鵲的家園

內溝里位於內湖區，面積五・六平方公里，
是台北市最大的行政里，號稱有三多：
山多、廟多、果園多；單從里內的山名：
柚子山、柿子山，便可想見山中多果，
這樣的條件必然吸引鳥類棲息。
五月，當白色的油桐花被春風吹拂，
像小傘般自高聳的枝幹緩緩旋落時，
台灣藍鵲正忙著在山黃麻上育雛。
內溝里以藍鵲的家園在賞鳥人間打響名號，
除了固有留棲的鳥種外，也曾因記錄到八色鳥而名噪一時。
境內規畫有多條自然步道，
是一處適合親子踏青兼具探訪自然與人文的好地方。

Birdwatcher's Guide
TO THE
TAIPEI REGION

【內溝里步道賞鳥路線導覽圖】

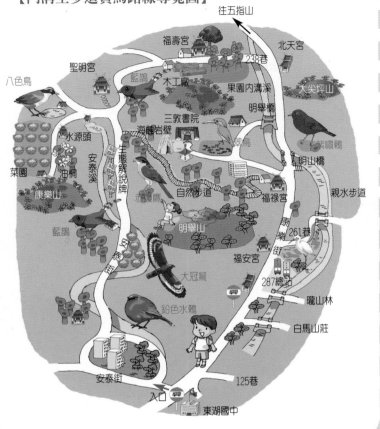

往五指山

福壽宮　　北天宮

聖明宮

八色鳥

藍鵲
238巷
木工廠
果園內溝溪
大尖坪山

三教書院
明舉橋

水源頭
海蝕岩壁
翠鳥
紫嘯鶇

菜園
油桐
安泰溪
生態解說牌

康樂山
赤腹鷹
自然步道
福祿宮
明山橋

藍鵲
明舉山
親水步道

大冠鷲
福安宮
康樂街
261巷

鉛色水鴨
287總站

安泰街
瓏山林

安泰街
125巷
白馬山莊

入口
東湖國中

春

【內溝里步道】藍鵲的家園

【賞鳥路線】搭公車287、278到東湖國中站下車，自對面安泰街進入，出口在康樂街東湖公車總站，全程約三，五公里。

【代表鳥種】台灣藍鵲、大冠鷲、紫嘯鶇、綠鳩等。

【餐　飲】沿途無餐飲店，須自備飲用水。

● 安泰溪沿岸的生態解說牌。

【台灣藍鵲】
台灣特有種，普遍分布在全島的中、低海拔森林。全身除頭、頸部為黑色外，大致為藍色。尾羽極長，常成群出現，飛行時常排列呈直線，所以又有「長尾陣」之稱。

　　這是一條近年來才興起的賞鳥新路線，賞鳥同好們習慣將這條路線稱為內溝里。事實上，這條步道起於內湖的東湖，終點卻在汐止的十八份地區。不知從什麼時候開始，賞鳥者盛傳內溝里是台灣藍鵲出沒最頻繁的地區，所以到這裡朝聖看台灣藍鵲，就成了鳥友們的不二選擇。到內溝里交通十分方便，不論一般公車或捷運轉乘接駁公車都可抵達。早期這裡有炭礦的開採，層層山脈非常明顯，遺留濃厚的風土民情。

　　內溝里賞鳥一般都由位於安泰里的東湖國中開始，該校環境幽美，校園內常見的綠繡眼、白頭翁就在樹間築巢繁育，十分膽大，時常帶給師生們無限的喜悅和驚奇，甚至曾以牠們為研究題目，獲得自然科學觀察獎項。

　　走入安泰街的公寓住宅區，耳邊傳來盡是畫眉悅耳多變的鳴聲，這種野外已日益減少的鳥類，正懷疑美妙的啼聲是否是由人們飼養的籠鳥所傳出時，路旁灌木叢裡就出現了牠的蹤影。擅長鳴唱的畫眉在內溝里還有生存的空間，不由得讓人欣慰萬分。安泰街的住宅雖密集，但不會給人城市水泥叢林的壓迫感，一路走著，始終有柳暗花明

Birdwatcher's Guide
TO THE
TAIPEI REGION

春

〔內溝里步道〕藍鵲的家園

● 內溝里的生物相非常
豐富。

● 亭榭造形的明山橋。

【鉛色水鶇雄鳥】
台灣特有亞種，是山區溪流旁常見的小鳥。全身大致呈暗灰色，雄鳥尾羽栗紅色，雌鳥則為暗灰色但有明顯白腰。非常會鳴唱，常站在電線或獨立的岩石上，張合著尾羽。

又一村的感覺。居民種植的使君子、蒜香藤、黃蟬花盛開爭艷，各自招蜂引蝶，食蟲的鳥兒也在此獲得豐碩的餐點。在路旁燈桿築巢的大卷尾近水樓台先得月，取得最好的食物選項，宋徽宗畫筆下最精采的白頭翁也不甘示弱的直撲飛蛾、甲蟲。總之，初到內溝里賞鳥，眼前就是目不暇給的有趣鏡頭了。

離開社區不遠，便遇到一間林蔭密遮的小土地公廟，是附近老人們白天的聚會所，賞鳥者可在此駐足片刻。廟旁已規畫完工的安泰溪生態區，是一條符合自然工法的生態溪流，民眾可以最接近自然的觀察方式去親近溪澗生態，溪魚、螺蚌、蜻蜓、小草、野薑花……等處處可見。在這裡最容易看到褐頭鷦鶯跳躍於草叢間，然而小彎嘴畫眉大塊頭的身材卻驚嚇了褐頭鷦鶯的雅興，而喜歡清澈溪水的鉛色水鶇則兀自搖動著尾羽，自在的徜徉在溪流中。

經過安泰溪生態區後，住宅建物漸漸稀少，呈現另一番鄉間景致。幾片菜畦、早年的閩式磚瓦民房錯落在青山翠林之間，發人思古之幽情；銀髮老者的問候、兒童的嬉戲，使人跌入童年的回憶中。屋頂幾隻懶洋洋的紅鳩正在

【鉛色水鶇雌鳥】

● 油桐花盛開在安泰溪
　生態區。

● 内溝溪親水步道。

打盹，純種的八哥還在屋前曬穀場上踱步，舉起望遠鏡看牠，老人們竟然笑說那些「斑甲」、「加令」有什麼好看？牠們天天都在那裡。啊！賞鳥對世居於此的人就是那麼平常的事，老人家指著屋前茭白筍葉上的尖尾文鳥說：「黑嘴撇仔」。哈！這些鳥類的鄉土俗名好可愛啊！其實在鄉間，尖尾文鳥、斑文鳥、黑頭文鳥的俗名概稱「黑嘴撇仔」，留給人們既鄉土又親切的記憶。

　　一會兒，眼尖的老人又喊：「長尾陣！長尾陣！」，在還摸不清楚之際，發出「架、架、架－」如摩擦玻璃聲，拖著修長尾羽的台灣藍鵲已一隻接一隻翩翩的飛到鄰近的樟樹上。是啊！從這裡開始便進入了藍鵲的家園，這種讓中外人士都興奮不已，很想觀看的鳥終於出現在眼前。猶記得曾在一次雨勢滂沱的颱風天帶領一位國外同好到內溝里賞鳥，他所列舉的名單中榜首就是台灣藍鵲，當然那次沒讓他失望，由此可見內溝里真的是台灣藍鵲的故鄉。

　　來到聖明山道祖廟有一岔路，小徑盡頭有一民家，這兒是內溝里賞鳥路線的中繼點，因為是私有地產房舍，為了尊重他人隱私權，一般鳥友都是走馬看花望一下便回頭

【尖尾文鳥】

普遍的留鳥，常成群活動於草叢、耕作區，行動間相當喧譁。體型小。頭、背、胸部暗褐色，腹部灰褐色，背部有明顯白色腰帶。

了。不過在善意賞鳥的心態下，不妨跟屋主打個招呼，表明純為賞鳥，因為在那座民房四周有幾種稀有鳥類，如：八色鳥、金鵐和花雀，非常值得一看。此外，每年五月此處也是台北近郊觀賞油桐花的好去處。

● 毬蘭。

　　往回走經龍虎亭，不要忘了給聖明山道祖廟前老樹枝上的藍鵲巢一個「默默的」關懷。經由車行的小坡也可繞往內溝溪，而隱藏在一九一號前的登山口，是通往內溝里的明舉山自然步道，腳力好的鳥友可以自此穿入蒼鬱的林間，拜訪途中的三棵老樹及尋找森林鳥類，山頂的三角點，是春秋猛禽遷徙季觀察赤腹鷹與灰面鵟鷹極佳的觀望點。這條步道全長一·五公里，出口是橫跨內溝溪的明山橋，從這裡左轉往三教書院方向走約三百公尺，可以欣賞

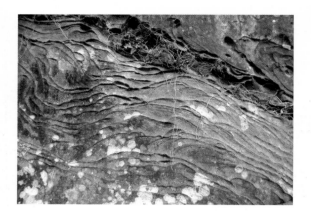

● 特殊的海蝕岩壁。

一處造地運動的特別景觀－－海蝕岩壁，據傳是四、五百年前因地殼擠壓隆起，侵蝕出酷似台灣地形的岩壁圖案。景觀下方的水塘是溪鳥經常造訪的環境，千萬不要錯過。

循原路過橋，走入內溝溪親水步道，在溪水清澈的時候，紫嘯鶇、翠鳥便會現身，愛乾淨的綠簑鷺也偶爾會隱藏在幽暗的溪畔。順著步道方向，自康樂街二六一巷轉出，再走約一公里，便是此行的終點公車總站。

內溝里的鳥況可說是臥龍藏虎，以都會邊緣林帶而言，是提供候鳥棲息的好地點，也是春天灰面鵟鷹北返歇腳的新場地，更是喜歡猛禽的朋友無法抗拒尋訪老友的約會處。此外，回程的路段更帶給資深鳥人和新手無限的新奇與驚訝，讓我們了解環境對萬物孕育的重要性，讓保育的概念深植人心。因此，把內溝里定位為最佳的知性生態休閒路線，絕對名副其實。

● 康樂街二六一巷旁的水塘。

夏

大安森林公園
人鳥和諧新樂園

台北植物園
黑冠麻鷺傳奇

富陽社區森林公園
隱藏的綠寶石

珠海登山路步道
等待佛法僧

Birdwatcher's Guide
TO THE
TAIPEI REGION

大安森林公園

人 鳥 和 諧 新 樂 園

先進的城市都該給住民一座大型的森林公園。

面積近二十六公頃的大安森林公園，

在建築物稠密的台北市裡扮演「都市之肺」，

植物豐富的自然環境，

除了提供市民休憩，

更是都市鳥類重要的生存空間，

在這裡特別能感受到人鳥和諧的景象。

大安森林公園給人初次的印象，

只不過是都會中的一個大型普通公園罷了，

不過當你有閒暇進入裡面漫步時，就會有耳目一新的感覺，

驚歎有這麼優美的公園存在於你我的生活空間裡。

Birdwatcher's Guide
TO THE
TAIPEI REGION

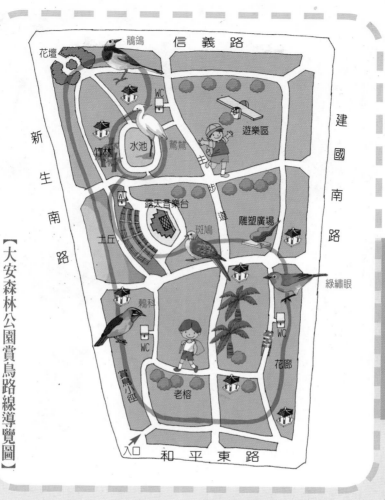

【大安森林公園賞鳥路線導覽圖】

信義路

新生南路

建國南路

和平東路

花壇

鶺鴒

WC

水池

鷺鷥

遊樂區

竹林

步道

露天音樂台

WC

斑鳩

雕塑廣場

土丘

鶇科

綠繡眼

WC

花廊

賞鳥小徑

老榕

入口

【賞鳥路線】搭公車：信義幹線、和平幹線、敦南幹線、○東、20、22、38、204、226、3、15、18、52、72、74、211、235、237、278、284、295、662、663於大安森林公園站下車，走完全程約二小時。

【代表鳥種】含蓋大部分都市的鳥，以鳩鴿最常見，有部分籠中逸鳥，冬天可見鶇科、鶺鴒等。

【餐　飲】餐飲方便，須自備飲用水。

● 造形走廊旁的樹林鳥類不少。

大安森林公園是台北市政府經過長時間的協調運作，將原址上老舊的眷村拆除整地後所闢設的綠地公園。初期簡易的設施及單調的植被確實讓人覺得空洞，但經過幾年的時間，整個公園環境地貌就給人清新的感受和驚喜。

在都會區裡的公園觀賞鳥類，不外乎是麻雀、綠繡眼、白頭翁等，當然台北植物園的特殊鳥況則另當別論了。許多遊客會懷疑大安森林公園真有鳥兒可觀賞嗎？其實根據多年來的觀察及記錄，大安森林公園裡豐富的鳥類，的確讓鳥友們感到心滿意足。主要是公園腹地面積廣闊，規畫的地形環境多樣，尤其是這裡的花草樹木植栽茂盛……，無形中為鳥兒營造出一個舒適的棲息地，如能好好規畫與引導民眾，相信未來大安森林公園絕對會像日本明治公園一般，成為台北都市中一處賞鳥公園的典範。

大安森林公園範圍雖然遼闊，但要前往卻十分方便，可從和平東路、建國南路、信義路，甚至新生南路的主要入口進去。開車的民眾更不用擔心停車問題，因為公園底層便是龐大的地下停車場。到大安森林公園賞鳥，還有另一種享受，那便是有許多奇花異草，加上清涼的微風、綠

【麻 雀】
普遍的留鳥，經常出現在平地到中海拔地區。喜歡群聚活動，是都市行道樹間常見的鳥種之一。

Birdwatcher's Guide
TO THE
TAIPEI REGION

夏

【大安森林公園】人鳥和諧新樂園

【白腹鶇】
普遍的冬候鳥。經常單獨
或三、四隻出現在平地到
中海拔樹林的中低層，行
進間長發出輕細的「喞--」
聲。全身大致為淡褐色，
尾羽外側末端有明顯的白
斑。

【紅 鳩】
普遍的留鳥，常大群出現
田野開闊地帶，喜歡停棲
在樹梢，葡萄紅色的身
影，彷如成熟的果實般掛
在枝頭上。

意盎然的環境，讓人可以盡情的遊賞。

在都市公園裡的賞鳥活動本來就是隨意行走，無須拘泥於特定的方向或模式。如果想避開遊客，安靜的享受賞鳥樂趣，沿著公園外圍的小徑走，是很好的選擇。一般賞鳥路線大致都從新生南路、和平東路口進入，這裡的大榕樹都是早期眷村遺留下來的老樹，古木參天、盤根錯節。樹林間的原始居住鳥類族群豐富，樹鵲聒噪的鳴叫常常是入口處的迎客聲，他們也像警衛般目光炯炯的在樹枝高處凝視遊客的一切動靜，而身旁都市常見的鳥類也在他的視線範圍中活動著。沿著新生南路的密林小徑行走，林木下有不少野鳩，如斑頸鳩、紅鳩，只見牠們我行我素，各自尋找掉落的種子與遊客丟棄的食餌，津津有味的啄食，家八哥、泰國八哥、椋鳥科鳥類也都過來分享美食。秋冬季時，度冬的鶇科鳥類最喜歡這個環境，虎鶇、斑點鶇常在草地間走動尋找蚯蚓，而當牠們找到獵物時那種與蚯蚓生死纏鬥的覓食場面，使人難忘。赤腹鶇與白腹鶇有時會三、五隻在林梢間不停的移動，對照虎鶇安靜的行徑，他們算是比較神經質的鳥類。

● 雕塑廣場。

● 大安森林公園內金字塔屋頂的音樂台。

【虎鶇】
台灣有二個亞種,多數為冬天的候鳥,另一種為數量稀少的留鳥小虎鶇,羽色大致成土黃色,交錯著彎月形的黑斑。經常在地面活動。

　　走到面對金華街的出入口,詳閱園方的導覽解說牌,可進一步明瞭公園的環境與生態。從這裡可先到露天音樂台看鳩鴿的生態,隨意選擇一處看台的位置,在那裡可優閒的欣賞到牠們水浴後展翅再做日光曬羽的有趣行為,有時候也可看到雄鳥向雌鳥大獻殷勤,頻頻理羽和點頭的求偶行為,不知趣的喜鵲偶爾也會半路殺出,破壞了牠們的美舉。然而也怪不得喜鵲啦,因為遊客會把一些零食雜物亂丟而引來牠們的注意和爭食。其實大安森林公園的食物鏈很豐富,大家不應該再任意餵食。

　　都會中的綠地提供了「流浪鳥」極佳的庇護環境,這兒出現不少外來的籠中逸鳥,對這些鳥,民眾都會好奇,但最令人不可思議的竟然是來自日本的灰喜鵲。這種鳥的分布很有意思,原先在東洋區生長,後來竟有一些族群擴散到歐洲西班牙境內繁衍,讓人覺得牠們的版圖擴展能力是如此宏大。

　　在離音樂台不遠處的一個人工小水塘中的孤島上,經常有成群的灰喜鵲出現活動,是多年來在公園內落地生根繁衍的族群,牠們會在這裡定居,主要因為水池是隔離

● 園內種植各種鮮艷的
　花卉。
● 阿勃勒成串的黃花有
　「黃金雨」的雅號。

● 水塘是園內主要的觀鳥點。

區，民眾干擾較少，可以無憂無慮的配起姻緣。不過如此繁殖是否會有近親遺傳基因改變的現象，值得觀察。總之，目前牠們活得很快樂。走在環狀的圍湖步道上，透過風中搖曳的垂柳，觀看池塘中的另一天地，常客小白鷺、夜鷺嫻靜的佇立，偶爾池鷺也驚鴻一瞥的出現，綠頭鴨則是民眾放養的改良種，這種人為的做法，常讓初入門的賞鳥人感到迷惑，因為怎麼會在非候鳥季出現了綠頭鴨呢？

水塘旁種植了許多季節性開花的樹種，春天開著小紫花的苦楝，夏季綻放成串鮮黃花雨的阿勃勒，夏末茄荅褐紅色成熟的果實，秋季盛放黃花的台灣欒樹，讓公園的景致隨著四季轉變，更換不同的彩衣。花園間的黃尾鴝和灰鶺鴒的地盤之爭，也是值得觀察的生態。這兩種鳥類都是對領域佔有慾極度敏感，常會對著鏡子攻擊自己的影像，由此可知道牠們是如何難以包容他鳥。當黃尾鴝碰上灰鶺鴒時，雙方對鞏固地盤之爭絕對是驚天動地相互咬扯的競鬥，而且一定要分出勝負高下才可能落幕；有興趣的話，不妨猜猜誰是勝利者？

另外有一處賞鳥的區域則在新生南路、信義路的南海

【小白鷺】
普遍的留鳥。出現自平地河口到山區溪流上游、湖泊。全身大致為白色，腳灰黑色，趾黃色。夏羽，後頸有二根飾羽。

TO THE
Birdwatcher's Guide
TAIPEI REGION

竹林小徑，在這裡能感受到人與自然的接近是那麼奧妙。竹林叢裡有一座青銅鑄造面帶慈祥的觀音塑像，更加給人一種安逸的感覺。由此處漫步返回金華街的出入口，夾道的水黃皮的果莢成串掛在疏落的枝椏間，忽然看到小鳥就在幽徑兩旁伸出頭來向你張望，此刻的感受是－－幸福啊！彷似蒼天賜予的禮物，感覺快樂無比。

　　總之，都會的森林公園絕對不是一無可取，如果能細心投入觀察自然生態，相信一定收穫豐碩，這也是台北市政府致力為民眾打造生態城市的目的。

●水黃皮扁刀形的莢果。

台北植物園

黑冠麻鷺傳奇

已有百餘年歷史的「台北植物園」，
前身為西元一八九六年建立的台北苗圃，
一九二一年改名後一直沿用到今天。
以廣泛蒐集世界各地植物種類，
提供學術研究材料為目標的植物園，
就像一艘從上世紀停滯在台北市區的方舟，
裝載著來自世界各大洲的植物活標本，
已然成為台北最珍貴的自然資產，
同時也肩負著展示、教育及休憩的功能。
黑冠麻鷺像是誤闖植物方舟的意外客，
更為植物園增添一分傳奇色彩。

Birdwatcher's Guide
TO THE
TAIPEI REGION

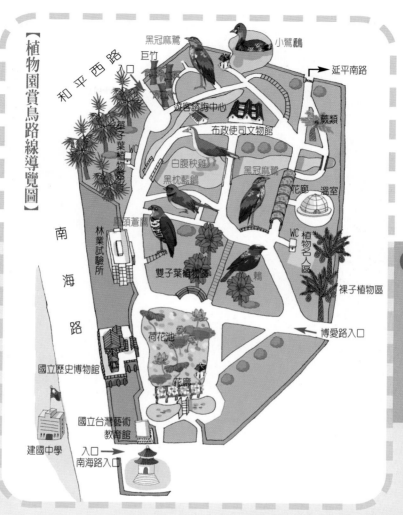

【植物園賞鳥路線導覽圖】

和平西路

南海路

黑冠麻鷺　巨竹　　　　小鷺鷉

延平南路

遊客諮詢中心

布政使司文物館

蕨類

白腹秧雞

黑枕藍鶲

黑冠麻鷺

花廊　溫室

紅頭蒼鴝

林業試驗所

單子葉植物園

WC

雙子葉植物區

鵯

WC

植物名人區

裸子植物區

博愛路入口

荷花池

國立歷史博物館

花廊

國立台灣藝術
教育館

建國中學

入口
南海路入口

【賞鳥路線】主要入口：和平西路、南海路歷史博物館旁、博愛路、
延平南路，公車極多，1、204、242、630、907、和平幹線在植物園
站下車，0東、3、706、652、243、248、262、304在民眾活動中心
站下車，38、252、263、265、270、604在小南門站下車，由博愛路
進入，走完園區約二小時。

【代表鳥種】都會鳥類、黑冠麻鷺及籠中逸鳥。

【餐　飲】餐飲方便，須自備飲用水。

夏　【台北植物園】黑冠麻鷺傳奇

● 布政使司文物館。

● 荷塘是鷺科主要的棲息地。

　　多數民眾對台北植物園的第一印象是那一池水生挺葉植物的荷花，每到夏季便吸引成千上萬的愛荷人士流連池畔，耗費不少底片去拍攝那千嬌百媚的花姿，但對賞鳥人來說，園區裡幾處靜謐角落正上演的黑冠麻鷺傳奇，才是他們關注的焦點。其實植物園花木種類不少，大部分品種在日據時期引進栽培後便在此地落地生根，加上採用分類劃區培養的方式，因此整個系統頗為可觀。近年來，園區以親近、尊重自然的理念架設原木棧道，讓遊客與植物相互應對，達到學習、認識及遊憩、教育的目的。

● 荷花往往是攝影者爭攝的主角。

　　台北植物園雖然位處都會中，卻擁有多樣性的林相，提供了不少誘鳥植物的種籽、花果及昆蟲給予鳥類覓食，所以吸引不少鳥兒來這裡活動，鄰近和平西路寵鳥店逃逸的外來種鳥類，也以植物園充當臨時的避難所。根據管理植物園的林業試驗所調查統計，這裡曾記錄過七十七種鳥類，其中包含數種稀罕的鳥種在此築巢繁殖，有這麼亮麗的鳥種紀錄，植物園可算是都市裡最佳的賞鳥地點。

　　植物園設有多處入口，賞鳥者習慣由重慶南路轉南海路，從建國中學對面的南海學園藝術館旁的側門進入。推

【黑冠麻鷺】
留鳥，台灣分布不甚普遍，在低海拔的竹林較易見。全身以黃褐色為主，雜著黑細斑紋，頭頂黑色，有羽冠。

【紅冠水雞】
留鳥,普遍出現在中、低海拔的沼澤、池塘、水田。全身以黑色為主,尾下覆羽白色,嘴及額板紅色。

【黑枕藍鶲】
台灣特有亞種。全身大致為豔麗的寶藍色,在日據時代被列為四季保護的鳥種。現普遍分布在中、低海拔樹林中層。

開鐵轉門,迎面而來的是一池水塘,映入眼簾的是池畔一排常見生長在海濱抗風性強勁的黃槿樹,這種民間俗稱「粿葉樹」的黃槿,經常吸引綠繡眼群集啄食大黃花中的花蜜,因為這是牠們最喜歡的樹種之一。

為了讓拍攝荷花的民眾能盡興,園方體貼的架起小木橋,也因此讓人更能清楚的看見一旁紅冠水雞在孵育雛鳥的親切畫面。習慣在濕地活動的紅冠水雞,遇到危險時多半會潛入水中避開侵犯者的視線,而如果帶著幼雛時,則一反潛水避敵的方式,立刻快速的用翅膀夾住一隻幼鳥,再用雙腿把另外一隻幼鳥夾在肚腹間,然後拍動一隻翅膀離去,這種護子求生的畫面實在令人感動。進入著名的花廊,可以看見人鳥互動的精采鏡頭,此處經常有遊客在池邊以餅干、麵包餵食鳥類,數十隻的白頭翁、麻雀便徘徊在四周等待,有時斑頸鳩也會湊上來分一杯羹呢!

繞過半弧形的荷花池,中間浮島灌木叢造形修長的白腹秧雞正忙碌的四處走動,覓尋福壽幼螺;數隻每天固定佔據地盤的夜鷺,一副無所謂的表情,居高臨下望著四周的動靜,或許是在養精蓄銳,等待夜晚的出擊。

Birdwatcher's Guide TO THE
TAIPEI REGION

● 闊葉樹下的落葉叢是
鳥類覓食的地點。

　　賞荷廣場旁的提琴葉榕和果實奇特的麵包樹常吸引人
們的注目，廣場後方的雙子葉植物區是賞鳥的精華點，高
大的闊葉樹上常可聽見樹鵲沙啞聒噪的叫聲，紅嘴黑鵯也
不干示弱的唱和，嬌小的黑枕藍鶲在林間中層來回穿梭，
並發出「輝、輝、輝、輝……」的鳴唱，斑頸鳩則嫻雅的
在地上落葉中踱步。

　　冬天，這片樹林因候鳥的蒞臨更顯熱鬧，體形比鴿子
略小的白腹鶇、虎鶇會藏身在林內的中下層，時而發出細
碎的「啊－」聲，外貌像麻雀的樹鷚遊蕩在林木上層，偶
爾出現的藍尾鴝害羞的在樹幹下方躲藏，紅尾伯勞則喜歡
在步道邊觀看過往的人群。冬日清晨，走在這一小段棧道
上，仔細搜尋樹林間，往往會有意外的驚喜。

【白腹秧雞】
普遍的留鳥，出現在溼地環境。頭至背部為黑色，臉至腹部為白色，下腹及尾下覆羽為栗紅色。腳極長，生性隱密，經常行走在水域邊緣或灌溉溝渠中。

【紅尾伯勞】
普遍的冬候鳥。出現在平地到中海拔地區。喜歡站立在開闊地帶的突起物上，領域性強，常單獨活動。

　　繞行過雙子葉植物區，新設的原木棧道迎接人們的光臨，一高一低的棧道讓遊客接觸著不同層面的茜草科植物生態，如此設計不但贏得遊客讚賞，也引來黑枕藍鶲穿梭枝椏之間快樂的鳴叫。一幢新穎的落地玻璃建築好像是植物溫室，定神一瞧方知竟然是洗手間，這種形式恐怕得防範高處鳥兒的窺視了……。抬頭仰望雙子葉植物區中最高的一棵樹梢，偷偷告訴你這裡正是鳳頭蒼鷹的築巢位置，牠在這裡留連忘返、定居下來，甚至築巢孵育，而這種猛禽在都會公園繁殖的訊息幾乎跌破了賞鳥者的眼鏡，可能是台北這個專心營造自然生態城的一項努力成果吧！在台灣，鳳頭蒼鷹算是唯一有可能在都會裡大型綠地棲息的猛禽，也許是因為在植物園內有牠鍾愛又取之不竭的松鼠吧！

　　順著棧道遊賞，彷彿置身森林中，涼風拂面，清新無比，台北都會植物園的迷人在此盡情展現。種植莎草的小池塘在棧道旁的樹叢中隱約透穿視線，鳥友們習慣在這裡用望遠鏡搜索池中的小孤島，除了白腹秧雞是固定的住戶外，多年前，稀有的黃頸黑鷺便在此讓賞鳥人驚鴻一瞥。

Birdwatcher's Guide
TO THE
TAIPEI REGION

黃頸黑鷺的現身曾吸引不少南部賞鳥者特地搭乘飛機北上目睹，此種經驗在台灣的賞鳥紀錄裡也留下了令人無限的懷念。

其實，這幾年來植物園裡還有一種引人談論的鳥類，也幾乎是一則植物園傳奇，那便是年復一年在此繁衍後代的黑冠麻鷺。這種喜愛在泥地挖掘蚯蚓為主食的鷺科鳥類，在野外活動十分隱密，通常只聞其聲，卻不容易見到牠的本尊。茜草科植物區棧道口對面的密林下，是觀察黑冠麻鷺最佳地點，但要找到牠，可需要很好的眼力；全身黃褐斑花羽色，長時間靜佇在落葉間紋風不動，不用地毯式的搜索是很難找到牠。黑冠麻鷺已儼然成為植物園的代表鳥種，緊緊扣住中外賞鳥者的目光，也成為來台賞鳥的

● 蕨類區。

● 黑冠麻鷺經常活動的竹區。

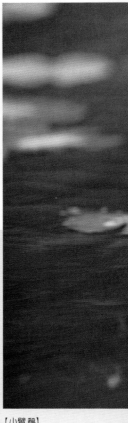

外國人指定觀賞的地點。難得一見的黑冠麻鷺,那種已融入人類生活空間,在近距離之內不怕生的習性,更成了親子賞鳥時最佳的教育話題。黑冠麻鷺雌雄會彼此分擔孵育的責任,當一方坐巢孵蛋,另一方則站在巢邊護衛或去找食物回來餵食對方,這種相互協助、分擔家務的恩愛行為給人類相當大的啓示。

栽培奇花異草的溫室及花廊是植物園的精華區,囊葉榕獨特的葉形讓人稱奇,茄苳樹幹爬滿了毬蘭隨風搖曳。每天這兒都在上演著生物習態的戲碼,樹鵲和赤腹松鼠互相追逐的有趣畫面,狡黠的松鼠在樹幹後左閃右躲引誘心慌的樹鵲撞樹,這種鏡頭常令人發噱;而麻雀則成了鳳頭蒼鷹的咀中餐,讓賞鳥人忍不住嘆息;小雨蛙躲在睡蓮葉下鳴叫,等待遊人的尋訪……等等,讓人毫不費力的欣賞到自然世界的動物奇觀。

緊鄰和平西路販賣寵鳥店附近的植物園,園內有展示十二生肖植物區、熱帶仙人掌區和陰濕的蕨類植物區,都是欣賞鳥類的好地方。巴西雀、冠鵯、鵲鴝……等外來逸鳥在這區塊如初獲自由的囚犯,快樂興奮的與本地鳥兒混

【小鷿鷈】
普遍的留鳥,經常出現在湖泊、水塘。全身大致呈淡褐色,黃眼,尾短。不善行走,很會潛水,飛行時必須在水面上助跑一段距離後,才能起飛。

居一起，牠們鮮麗的色彩和奇異的造形常常引起人們的討論，而人與鳥、鳥與環境的相處如何維持平衡，是見仁見智的爭論，也是植物園賞鳥者經常談論的話題。

從懷仁廣場轉入列名二級古蹟的台灣布政使司衙門（布政使司文物館）後方，這一區熱帶闊葉林區遊客較少，是尋找冬季候鳥的好地點。與園外相連的水塘可觀察翠鳥魚狗，也曾有小鷺在此定居。過了水塘的亭台便進入竹林區，開闊的視野是觀賞各種鳥類的好地點，比較特殊的是站在一叢叢巨竹、條紋大耳竹邊的黑冠麻鷺，遇見牠時，記得放低身子，多半牠就不會跑離太遠囉！

離開竹區，和平西路的出入口便在一旁，如果不想去郊外，就近到植物園賞鳥，是不錯的選擇喔！

● 竹區內的條紋大耳竹。

富陽社區森林公園

隱 藏 的 綠 寶 石

一個社區公園之所以成為眾多鳥友認同的賞鳥點，

必然有其獨特引人的魅力。

富陽社區森林公園可說是醜小鴨變天鵝的範例，

許多人在跟隨台北鳥會前往賞鳥後，

才發覺這塊被隱藏在都市水泥叢林中的綠寶石之美。

它在台北市的地圖裡並無明顯的標示，

至今仍有一些鳥友還不知富陽社區森林公園在哪裡呢！

Birdwatcher's Guide
TO THE
TAIPEI REGION

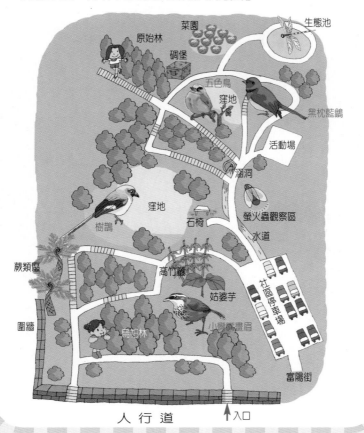

【富陽社區森林公園賞鳥路線導覽圖】

生態池

菜園

原始林

碉堡

五色鳥

窪地

黑枕藍鶲

活動場

涵洞

螢火蟲觀察區

窪地

水道

樹鵲

石椅

蕨類區

高竹叢

社區停車場

姑婆芋

圍牆

小學腰書眉

烏桕林

富陽街

人 行 道　↑入口

【賞鳥路線】搭捷運木柵線麟光新村站下車，或搭公車3、15、18麟光幼稚園站下車，轉入臥龍街即見公園入口。

【代表鳥種】低海拔森林鳥類、溪澗鳥、大冠鷲及冬候陸鳥。

【餐　飲】無餐飲店，須自備飲用水。

● 維持原始森林樣貌的富陽社區公園。

　　其實，富陽社區森林公園位於六張犁捷運麟光站附近，是一塊未經開發、都市邊緣低海拔山區的窪地，早年為陸軍管制要地，曾被利用來儲藏彈藥軍火，由於外人一直無法進入，反而保留了許多台灣原生動植物。解嚴後，由於都市發展的需求，這塊管制森嚴的軍事禁地便提供社區活動使用。後來幾個自然保護社團發現此地動植物生態豐富，便建議社區民眾珍惜這塊得來不易的場所，經地方民眾溝通達成共識，富陽社區森林公園終於在簡易整地後，成為台北都會區一處觀察自然的教室了。

　　富陽社區森林公園的出入口不明顯，可說完全沒有一般公園的規模，從外面還看不出這窪地的精采之處。但走過水泥石階後，眼前出現完整的低海拔林相絕對令人眼睛一亮！這裡的單一植物群落－－烏桕生長得高大茂密，秋季轉紅的葉片搶盡了楓葉的光彩，結實纍纍的果粒曾是先民染髮的素材。五色鳥、紅嘴黑鵯、白頭翁不知在此度過多少歲月，而烏桕總是無悔無怨的提供鳥兒棲息的場所，彼此互利共生。松鼠和鳳頭蒼鷹也曾在此築巢，若非一次大颱風的摧殘，早就子孫滿堂了。公園入口處的江某

【白頭翁】
台灣特有亞種，普遍出現在平地到中海拔樹林中上層，花東地區及恆春半島沒有分布。是一種喜歡鳴唱的鳥，叫聲輕脆嘹亮似「巧克力、巧克力」。

Birdwatcher's Guide
TO THE
TAIPEI REGION

● 粉紅色的水冬瓜果實
是鳥兒的最愛。

● 窪地中的竹藪。

【小彎嘴畫眉】
台灣特有亞種,為中型的
畫眉鳥,十分易見,常結
隊在樹林底層跳躍。

樹、山蘇盡在視線之內,幾隻黑枕藍鶲正在尋覓葉片間的昆蟲,而人面蜘蛛早已高掛陷網正等待不知死活的飛蛾撲入。富陽社區森林公園的賞鳥生態就在繽紛熱鬧的氣氛中揭開序幕。

窪地裡刺竹茂盛的生長著,而綠繡眼卻把它當做最佳的庇護所,在竹林間活動築巢,早年先民種植用來抵禦外人的刺竹屏障,如今變成牠們的安全堡壘。這塊刺竹區沒有太多人會接近,但鳥兒卻安逸的在此活動,除了綠繡眼,小彎嘴畫眉也隨遇而安的在那裡自由進出。窪谷腹地有一條細小的溝渠,清澈的水質還能看到山蝦在裡面游跳,偶爾水蛇也會出來搗亂一下寧靜的溝渠。粉紅鸚嘴在渠道兩旁認真的覓食,可別輕視這種小不點,據說牠的嘴喙人可是會皮破肉綻呢!

鸚嘴科的鳥類在台灣有二種,一種是低海拔林地下層活動的粉紅鸚嘴,另一種是生長在中海拔山區的黃羽鸚嘴,兩者都是屬於造形可愛、熱鬧活潑的鳥種,是賞鳥人鏡頭下經常捕捉的對象。步道附近的植物非常豐富,南天星的姑婆芋和山芋、沙欏木和筆筒樹……等植物,讓遊人

Birdwatcher's Guide
TO THE
TAIPEI REGION

● 樹幹上結果的水同
木。

● 扶手石階是園內唯
　一的建設。

【黃鶺鴒】
普遍的冬候鳥。過境期常
數以千計，夜棲於蔗田菜
園等開闊平坦旱地。黑
腳，背部為灰褐羽色、腹
部為黃色，尾細長，冬
羽，腹部為略帶黃色的灰
白色。飛行時呈波浪狀。

可以毫不費力的分辨出它們的特徵。

富陽社區森林公園窪地所延伸的生物習態也很多樣，潮濕的林相有簡單的集水濕地，這兒的水丁香、香蒲特別令人稱奇，偶爾也有白腹秧雞造訪，讓賞鳥人竊喜。白腹秧雞的亞成鳥有協助親鳥育雛的習性，通常第一胎的鳥兒都會留在親鳥身旁，等親鳥繁殖第二胎幼鳥時，便開始幫忙親鳥孵育。白腹秧雞鳴聲怪異，像是叫著「苦啊！苦啊！」也因此，這種最具手足之情的鳥兒，就流傳著一段悲慘的鄉土傳說，認為牠們是被惡婆婆虐待而投水自盡的可憐媳婦幻化而成的，各位相信嗎？當然不是啦！只是想加深人們對牠的認識罷了！

踏過原來營區守衛遺留的刻字石階，大家就會了解這塊曾是軍火儲藏地的歷史年代－－民國四十二年，你出生了嗎？在這裡我們看到歲月的流逝，也遙想當年守衛的士兵是否懂得以賞鳥來排遣生活的單調和苦悶？聽著白頭翁咕哩咕哩的鳴叫，似乎在訴說當年的情境。

公園旁有一條山徑可達辛亥路福州山，但一般賞鳥者都會選擇下坡處的一個水池，其實它並不是水池，只是北

Birdwatcher's Guide
TO THE
TAIPEI REGION

● 早期遺留的軍事設施。

● 富陽社區公園隱藏了種類豐富的昆蟲。

二高路基下的一處排水過濾池而已,然而其中的水生植物卻非常茂盛多樣,包括:芙蓉水萍、滿江紅、香蒲⋯⋯等都聚在一起,霜白蜻蜓、細尾蜻蜓、豆娘也風姿綽約的飛舞其間。秋冬時民眾私栽的菜圃和水池更是熱鬧,白鶺鴒、灰鶺鴒、黃鶺鴒各據一方,忙著尋找食物,以補充遷移時體力的消耗。鶺鴒科的飛行姿態相當優雅,他們會以上下波浪式邊飛邊叫的模樣出現。冬天,黃尾鴝、野鴝、藍喉鴝則等待幸運的鳥友們去發掘,至於始終無法安靜的鶇科鳥類正挖尋地表中準備冬蟄的蚯蚓,富陽社區森林公園的生物相就是如此多樣。

在森林公園區域的制高點有一處民眾搭建的簡易羽球場,鳥友將場地前的森林稱為熱帶原始林,這裡的爬藤植物交錯其間,底層潮濕,蕨類植物種類多樣。昆蟲相也十分特別,甚至在無人時,台灣獼猴也會到此地玩盪藤枝。在這裡出現的鳥都屬大體型,例如:猛禽類的大冠鷲、鳩鴿科的金背鳩、綠鳩及杜鵑科的番鵑,夜幕低垂時,還會有兩眼炯炯發光的領角鴞在此守夜呢!如果喜歡牠,不妨來趟夜間賞鳥。除了領角鴞,夏夜紛飛的螢火蟲也是富陽

【番 鵑】
留鳥,普遍出現在全島平原、田野空曠地。體型比鴿子大,夏羽,除背翼為栗褐色,其餘為黑褐色,並泛出金屬光澤,冬羽則為黃棕色,有明顯縱斑。常發出單調的「叩、叩、叩」聲。

社區森林公園的另一項自然奇觀，不過，防蚊、防蟲及夜間活動安全可是要妥善準備及注意才能盡興。

　　台北市民和兒童其實相當有福氣，一個小型的公園就可帶來陣陣的驚喜，而長年居住都會區的民眾是否留意周遭環境裡也有多樣生物的變遷。富陽社區森林公園帶給人們無限的省思，值得借鏡和學習，當有半日閒時，不妨準備簡單行囊去探索這塊隱藏在都市裡的綠寶石吧！

珠海登山路步道

等 待 佛 法 僧

賞鳥人常自人群中遁走，

等到下一處現身時，

往往是在更偏遠的角落，

一如佛法僧般的古怪行徑，

也因如此，怪人與奇鳥才會碰在一塊。

珠海登山路在偶然中被發現，

近幾年快速成為賞鳥新天地，

期間出現過的鳥種是過去一直被忽略的；

台北還有多少處尚未被發現的賞鳥寶藏，

只有繼續等待賞鳥人的發掘了。

Birdwatcher's Guide
TO THE
TAIPEI REGION

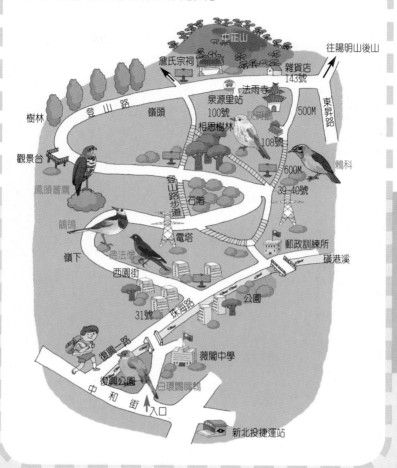

【珠海登山路賞鳥路線導覽圖】

中正山

往陽明山後山

詹氏宗祠　　雜貨店143號

法雨寺

泉源里站100號　　東昇路

樹林　　登山路　　嶺頭　　相思樹林　　灰斑鶲　500M

觀景台　　　　　　　　　　　　108號　　鶲科

鳳頭蒼鷹　　　　　　　　登山路步道　石階　600M

鵲鴝　　　　　　　　　　　　　　　39-40號

嶺下　　佛法僧　　　　　電塔

西園街　　　　　　　　　　　　　郵政訓練所　　磺港溪

　　　　　　31號　　珠海路　　公園

復興路　　　　　　　　　薇閣中學

中和街　　復興公園　　白環鸚嘴鵯

入口

新北投捷運站

夏
【珠海登山路步道】等待佛法僧

【賞鳥路線】自新北投捷運站下車往中和街復興公園進入，到嶺頂四公里。下山可搭小7公車回新北投捷運站。

【代表鳥種】含蓋大部分低海拔鳥類及台灣松雀鷹、大冠鷲等猛禽；稀有的鳥種有：佛法僧、灰斑鶲、赭紅尾鴝等。

【餐　飲】嶺頂有雜貨店，須自備飲用水。

● 登山路步道。

珠海登山路步道的賞鳥活動原先默默無聞，只是幾位北投區喜愛賞鳥同好的鳥類調查點而已，八十八年的九二一大地震當天，當大家忙於關切災情報導時，卻有一件特別的鳥類自然觀察報告指出，在珠海丘陵地區出現約三十多隻的罕見夏候過境鳥「佛法僧」，在山區高壓輸電塔及電纜線上停棲。當這一則鳥況消息傳播後，無視於接踵發生的餘震，珠海路登山路竟然立即車水馬龍，吸引了不少賞鳥同好和攝影人士，他們心急和喜悅的表情在臉龐上表露無遺，為的就是搶看「佛法僧」鳥類的倩影，珠海登山路步道也因此而一夕成名，讓許多人都想去一探究竟。

以郊遊踏青的心情到珠海登山路步道賞鳥，最合適不過。從捷運新北投站開始，滿天飛舞的家燕，可說是北投地區的代表性鳥類，由於此地靠近關渡平原濕地，農地田園的昆蟲相當多樣，所以家燕便能近水樓台先得月，獲取到豐富的食物餵食哺育期的幼雛。一般家燕喜歡在樓廊簷樑築巢，在北投區的民房附近，只要抬頭就可輕易看到家燕巢及牠們了，這裡的民眾對家燕的偏愛和無微不至的照顧，贏得「燕子城」的美譽，市政府也因此在這裡規畫一

【家 燕】
普遍的夏候鳥及過境鳥，出現在平地到低海拔山區，是田野最為常見的燕子。尾長，分叉深，腹部白色，前頸有一道黑色橫帶。

Birdwatcher's Guide
TO THE
TAIPEI REGION

● 槭葉蘋婆。

● 復興公園曾有鳳頭蒼鷹繁殖。

【家八哥】
外來種，已在台灣適應環
境而繁殖。經常成群出現
在都市裡的綠地、田野空
曠地。

條賞燕步道。陰天的時候，飛翔雙翅成鐮刀彎月狀的雨燕
會在天空和家燕競賽飛行技巧，小雨燕和家燕在生物分類
學是兩種科屬完全不同的鳥類，各位可別弄混了。

　　沿中和街行走約一百公尺進入珠海路口的復興公園，
園區游泳池旁的幾棵槭葉蘋婆結實纍纍，青翠的碩果讓人
眼亮，成熟爆裂心形的硬殼早成了人們收藏的自然紀念品
了。公園裡逃逸的家八哥快樂的向鄰近民家飼養的籠鳥呼
喚，斑頸鳩在樹上「咕～咕～咕～」，啼聲彷似在告訴鳥族
們，牠才是最快樂得意的。這裡的鳥況很好，雖然公園裡
人來人往，但干擾不大。都市常見的鳥兒從不缺席，經常
可看到的蹤影有：麻雀、綠繡眼、白頭翁。提到白頭翁則
要告訴各位，這公園裡另有一批白環鸚嘴鵯呢！白環鸚嘴
鵯和白頭翁都是同科鳥類，不過前者的棲息環境喜在中海
拔山林裡。復興公園的白環鸚嘴鵯是飼養鳥逃逸或放生
鳥？並沒人去探討，唯一有趣的是牠們竟然在此出現，甚
至入鄉隨俗的在公園裡，從一對鳥慢慢繁衍了約有二十多
隻，這樣的紀錄幾乎跌破專家眼鏡。

　　公園裡小石橋旁高大的山黃麻樹也讓人懷念，因為它

Birdwatcher's Guide TO THE
TAIPEI REGION

● 山谷的電塔是找尋佛
法僧的位置。

● 沿途可眺望北投地區。

【灰頭鷦鶯】
留鳥，普遍出現在平地到中海拔山區的草生地，叫聲比褐頭鷦鶯多變化，但有時也會發出像羊叫的「咩--」單音。

提供了高不可攀的環境給一對鳳頭蒼鷹在那裡繁育了二代的幼雛。為了保護鳳頭蒼鷹不被打擾，當地民眾甚至組織了守望護鳥隊，這件美妙的人鳥之緣竟然轟轟烈烈的維持了一年半，直到鳳頭蒼鷹離巢他去。雖然此事已圓滿落幕，但鳳頭蒼鷹一定會感激人們的善待；目前雖然看不到牠們，但鳳頭蒼鷹有還巢育雛的習性，且讓我們耐心等待吧！細聽一下，小溪邊有紫嘯鶇的鳴叫聲陣陣傳來。

離開公園，走在油加利樹夾道的社區裡，一股特殊的樹葉味道和老樟樹散發的清香，讓人感到分外舒暢。前行約四百公尺抵達珠海路一三一號，旁為翠雲街，路口設有登山路標。一條蜿蜒上升的曲折小路，奇怪的是這條路每段的路名都不同，先是翠雲街，走一小段變為西園街，離開住宅巷道後，反變為廣寬的登山路。在翠雲街社區內，住宅主人各個都是拈花高手，把自己屋前的庭院布置得花團錦簇，吸引不少庭院鳥類。綠繡眼快樂的在牠喜歡的花朵上覓食，朱槿、猩猩紅（聖誕紅）、紅玫瑰上都可輕易見到牠們的蹤影。麻雀、白頭翁、紅嘴黑鵯的鳴聲則好像一首自然交響曲；偶爾吵嚷的鳴聲傳來，竟是從籠中逃逸，

在貴子坑水土保持教學區落腳的白色羽身的鳳頭葵花鸚鵡（巴旦鸚鵡）。在珠海登山路賞鳥，經常會有體大、羽色艷麗的籠鳥不按牌理，忽然就呈現在賞鳥人眼前，這跟民眾養鳥、放生都有關係。

◉ 林蔭下的登山路。

登山路又名泉源產業道路，全長約四公里，是一條通往嶺頭、陽明山公園後山，以紓解櫻花季擁擠人潮的捷徑，平常人稀車少。從嶺下蜿蜒上山，豔陽透射過相思樹的枝條，灑落在寬大的柏油路上，在林蔭下行走倒不覺辛苦，沿途鳥況也不錯。

坐落山腰的民宅幾畦菜圃經常吸引灰頭鷦鶯及灰鶺鴒的光顧，一旁聳立坳谷間的高壓輸電塔是此線特別要留意的地點，一定要拿起望遠鏡巡視一下哦！停在纜線及電塔

● 法雨寺。

的鳥類大多是金背鳩、綠鳩、紅嘴黑鵯或大卷尾，春夏之際很容易觀賞到筒鳥在電纜上「不、不、不、不」的啼叫，稀有的「佛法僧」鳥類便是在這條高壓電纜被記錄到，牠的體羽大致為泛金屬光澤的藍綠色，飛行時會發現飛羽明顯的大白斑，頭部是較暗的綠褐色，有一雙紅腳及一副粗壯的紅橙色利嘴，以便捕捉飛行的甲蟲。

「佛法僧」的名稱起於日本，因為牠在繁殖期間會連續鳴叫出「咯、咯、咯」的高亢粗啞聲，像是日語的「佛、法、僧」，加上鳴唱的地方又多屬靈修的深山寺院，因此才聯想得名。這種鳥的名字確實取得有趣，各位不妨去查「鳥與史料」這本書，一定會有滿意的解釋和答案。以往牠們出現的紀錄並不多，而且多半是單獨現身，像這樣以三十幾隻集體在台灣被發現是前所未見的，因此許多鳥友把到珠海登山路看「佛法僧」當做最有信心的地方，也將珠海登山路賞鳥和佛法僧劃上等號。

另外，居高臨下會看到大冠鷲、台灣松雀鷹、鳳頭蒼鷹，誇張的是在沼澤地帶活動的澤鵟，都會在晴空萬里的天際飛翔，表演各種技巧呢！從已建立的紀錄裡發現，這

【金背鳩】
台灣特有亞種，常成群出現於低海拔山區。羽色和斑頸鳩相近，但雙翼上明顯的紅褐色羽緣，與斑頸鳩極易區分。

Birdwatcher's Guide TO THE TAIPEI REGION

兒應該也是欣賞過境猛禽飛翔最佳的觀測點。

　　如果腳勁不錯，可續繼往前行，相思樹夾道的登山路步道石階是上山的捷徑，但沿著車道漫步上升比較容易觀察到野鳥。過詹氏家祠前方中正山的交叉路口再下坡返回步道，或在此候車亭搭乘公車返捷運新北投站。

　　若再往前行約三百公尺，可見燕尾屋頂的法雨寺藏身在蒼翠的森林間，由一○○號指示牌巷弄進入約五百公尺後，抵達一○四號山中民居，旁邊便接往回程下山石階，民房旁林間草叢裡探頭向各位打招呼的是樹鵲、繡眼畫眉……等。石階旁的老榕樹早被登錄為古樹行列了，它不知提供了多少的榕籽讓鳥類裹腹，卻仍無怨無悔的在那裡扮演應有的角色。約一公里長直線穿越車道的石階路，冬天

◎ 相思樹是步道旁主要的樹種。

【褐頭鷦鶯】
台灣特有亞種，出現在平地到中海拔山區的草生地，常站立於草莖上，並發出連續單調的「滴、滴、滴」鳴叫。

也棲身著不少種類的候鳥，如鶇科的虎鶇、黑鶇與灰斑鶇、赭紅尾鴝。邊走邊欣賞這些藏身於此的鳥兒，很快便可返抵山下的郵政員工訓練所。

在此要提醒各位，千萬不要忽視一條通往新闢泉源社區公園的小徑，在小徑旁的溪流和池塘搜尋一下，在中正山繁殖的黑冠麻鷺、以水岸為棲息地的翠鳥都會在這裡現身。而另一路邊的五節芒叢裡，番鵑、褐頭鷦鶯更是各領風騷的在各自的活動領域中出現；番鵑不會像杜鵑鳥類有托卵的行為，他們都自己孵蛋，這是一般人所不知道的。

珠海登山路的賞鳥之行如果走累了，北投地區的溫泉可以洗滌掉一路的勞累，別忘了好好利用這些天然的資源。此外，沿路古老聳直的楓香林道也會讓人對此地的美景更加難以忘懷，運氣更好的話，多少人夢想看到的夜間鼠輩殺手－－領角鴞或許就出現在你的眼前。如果有孩童喊出：「看啊！電影哈利波特中的貓頭鷹」，相信這次的親子賞鳥行一定是趟愉快而難忘的旅程。

Birdwatcher's Guide TO THE
TAIPEI REGION

秋

華江雁鴨自然公園
從未爽約的鴨子

大崙尾步道
追逐天空的群鷹

虎山自然步道
大冠鷲競技場

芝山岩文化史蹟公園
城中島上尋鳥蹤

Birdwatcher's Guide
TO THE
TAIPEI REGION

華江雁鴨自然公園

從未爽約的鴨子

九月下旬，

水鴨群開始悄悄的出現在華江橋下的高灘地上；

到隆冬時，這片在夏季酷熱、沉寂的河道，

每逢漲潮時便漂浮著密密麻麻的水鴨，

這批固定在此時節蒞臨作客的鴨群，

立即喚回遠離這條河水的市民興奮的齊聚岸邊。

在細雨灰濛的冬季，因水鴨的熱情，

華江雁鴨自然公園反倒呈現一年中最燦爛繽紛的風景。

Birdwatcher's Guide
TO THE
TAIPEI REGION

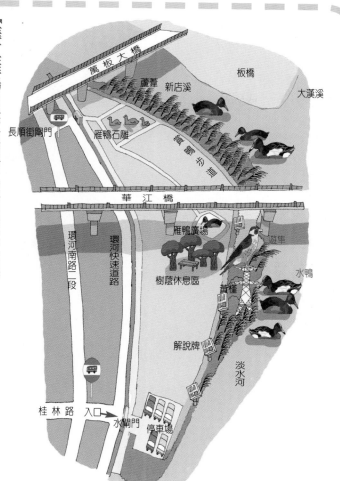

【華江雁鴨自然公園賞鳥路線導覽圖】

萬板大橋

板橋

蘆葦 新店溪

大漢溪

長順街閘門

雁鴨石雕

孤挺花圃

華 江 橋

雁鴨廣場

遊隼

環河南路一段

環河快速道路

樹蔭休息區

黃槿

水鴨

解說牌

淡水河

桂林路 入口→

水閘門

停車場

【賞鳥路線】自桂林路底水閘門進入，可搭公車38、49、65、234、265、18；常順街出口有18、1公車站。

【代表鳥種】含蓋大部度冬的水鴨、鷺科、鸊鷉，稀有的鳥種有：遊隼、花鳧等。

【餐 飲】方便，須自備飲用水。

● 看似荒地的河岸卻蘊含著給候鳥的豐富食物。

【花嘴鴨】

普遍的冬候鳥。全身大致為暗褐色，三級飛羽白色，相當醒目，臉、頸部淡褐色，有白眉，嘴尖黃色，腳紅色。在鴨群中體型屬於大型的。（在華江雁鴨公園常見）

　　對北部民眾而言，華江雁鴨自然公園的闢設可說是一項奇蹟。早年淡水河上游一帶是一片竹林雜草，河邊又有採砂場，令人不敢接近，但經過台北市政府整地規畫為河濱綠地後，已脫胎換骨成為一處具有多元休閒活動的場所，漸漸成為台北市民假日的好去處。

　　每年秋季，成千上萬的雁鴨由北方遷移至此棲息度冬。這批辛苦遷徙的雁鴨，從日本北海道、中國東北及蘇俄西伯利亞等高緯度的寒地起飛，靠著堅強的體力與毅力，無畏風霜襲擊，在「適者生存」的原則下才能抵達台灣，而淡水河水域理所當然便成為牠們主要的歇腳處了。華江橋河域之所以會吸引成群的雁鴨，是因為擁有先天的優勢，新店溪在此與淡水河交匯，除了河底淤泥所涵養的水生浮游物可提供豐盛的食源外，退潮後的沙洲和河岸的蘆葦叢，更提供雁鴨隱蔽的休息場所。

　　經過規畫和擴建，華江雁鴨自然公園可欣賞雁鴨生態的範圍已相當廣闊，園區面積廣達七十公頃。通常賞鳥者會從桂林路底的堤防水閘門進入，直到公園核心點的賞鴨廣場，另一端的出入口是在華江橋另一側的長順街水閘

● 退潮後的河灘是鴨群
　的覓食區。

● 華江橋下的小水鴨銅雕。

門。這段五百多公尺的華江橋賞鴨步道，特別適合中小學生們來這裡戶外教學，因為沿途設有雁鴨解說牌，還可以觀察步道兩旁的花草植物。俗稱「胸章草」的翠綠葎草和金黃色菟絲纏繞一起，難分難解，使人猜不透最後的結果將是如何？「咸豐草」和「昭和草」這二種以清朝和日本天皇年號命名的菊科植物並存生長，是代表友誼與和解呢？或是過往的歷史追憶？這得由各人去省思解析了！華江雁鴨自然公園的石雕雁鴨和寫實銅塑雁鴨的造形，相互映照在白色細小鵝卵石間，那種溫柔安詳的模樣令人油然心生憐惜之情，但願這片雁鴨樂土能永保長存！

在華江雁鴨自然公園觀賞鴨群的日子很長，從每年九月底開始直到次年的四月底，當然也有少部分雁鴨會停留到五月才依依不捨離去。初秋的九月，當園區的火刺狀元紅開始結果時，白鶺鴒如候鳥哨兵似的以牠獨特的波浪飛姿滑入河岸地，接著小水鴨便開始零星飛抵水域間。河邊的水草香蒲結實了，咸豐草白色的花朵卻仍盛開等候蜂兒來採蜜。褐頭鷦鶯忙碌的覓食，棕扇尾鶯也在一旁拉高音頻鳴唱秋的旋律，而成群的紅鳩懶洋洋的縮頸停在血桐樹

【小水鴨】
普遍的冬候鳥，是度冬鴨群中數量最多的一種。體型小。繁殖羽，雄鳥頭、頸紅棕色，眼睛四周暗綠色，尾下兩側黃色；非繁殖期，雌、雄鳥羽色皆為黃褐色，有複雜的斑紋。

Birdwatcher's Guide
TO THE
TAIPEI REGION

● 水鴨解說牌。（右上）
● 華江雁鴨自然公園是兼具教育及
　休憩多功能的場所。（右下）
● 糾纏的葎草和菟絲。

● 別具特色的活動廣場。

【琵嘴鴨】
普遍的冬候鳥。嘴呈匙狀。繁殖羽,雄鳥頭、頸暗綠色,背黑色,有白色粗紋,頸部白色,脅部棕色。非繁殖期,雌、雄鳥羽色大致為黃褐色,有複雜的斑紋。屬於中等體型的鴨子。

的枝椏上,初秋景致讓人有了蕭瑟的感覺。

中秋過後,光臨淡水河華江水域的雁鴨更多,一轉眼沒注意,水面就擠滿了密密麻麻各種不同的雁鴨,主要有:小水鴨、琵嘴鴨、尖尾鴨、綠頭鴨、白眉鴨及花嘴鴨……等。雁鴨的世界非常有趣,陣勢浩大的小水鴨是這兒最引人注目的野鴨群,別看牠們的體型雖小,當牠們集體活動、飛翔時,彷彿千軍萬馬般壯觀。而色彩鮮艷、嘴形扁平的琵嘴鴨常會被外行民眾誤認是鴛鴦呢!幸好濱河的賞鴨步道上設置了許多解說牌,透過圖繪就可輕易的辨識牠們。琵嘴鴨族群在華江水域也不少,但牠們習慣自成一體,雖然也若即若離的與小水鴨混群活動,但明顯的一副各走陽關道、獨木橋的樣子,縱然有遊隼犀利的眼光及一旁蒼鷺的窺視,卻仍一派悠閒的在河域間活動,毫不在意。

在鴨群中,擁有細長頸子及尾羽的尖尾鴨格外引人注意,牠們經常將上半身探入水中採食,水面只見倒栽蔥後露出的屁股及尖尾,雙腳不停的拍出水花,模樣十分滑稽。根據研究顯示,尖尾鴨在遷徙過程中對度冬地的選擇

【尖尾鴨】
普遍的冬候鳥。繁殖羽，雄
鳥頭、頸暗棕色，背灰色有
黑細紋，頸部白色，尾羽黑
色，中央二根很長。非繁殖
期，雌、雄鳥羽色皆為黃褐
色，有複雜的斑紋。在鴨群
中體型屬於大型的。

113

● 小水鴨石雕。

彈性極大，在旅途上可隨遇而安，以環境指標來看，如果連尖尾鴨也不願光臨的城市，那麼當地的居住品質可能有檢討的必要。

　　小群雄綠頭鴨悠游於水面，而雌鳥則站在浮飄的枯木上休息。綠頭鴨和人類比較親近，畢竟人類飼養改良的家鴨祖先就來自牠們的族群，也因此牠們在歐美國家的戶外活動項目裡，除了欣賞之外，也是一種有限度開放狩獵的鳥兒。不過在歐美獵鴨的守則十分嚴格且具人性的思維，當你進入獵場得先繳一筆保育基金，接著登記槍號及狩獵者相關的身分資料，在狩獵過程中有幾項規定要特別注意，譬如：要正確辨識哪些雁鴨是可以狩獵的，甚至要一發命中……等，否則會被罰款。綠頭鴨個體較大，振翅飛翔還可聽到拍翼的聲音，當牠們低空飛掠河畔蘆葦叢梢，那種逍遙自在的飛姿，不知羨煞多少人的目光！

　　鴨群裡有時也會躲藏一些罕見的嬌客，紀錄中曾經出現過的有：巴鴨、瀆鳧、花鳧等。除了雁鴨，泥灘上也經常停棲著鷸鴴、鷺鷥，較為普遍的有濱鷸、小青足鷸、鐵嘴鴴、金斑鴴、蒼鷺，偶爾也有高蹺鴴與反嘴鴴、紫鷺、

【綠頭鴨】

不普遍的冬候鳥。嘴黃色，繁殖羽，雄鳥頭、頸暗綠色，背灰褐色有黑細紋，前胸褐色，尾羽黑色。非繁殖期，雌、雄鳥羽色皆為黃褐色，有複雜的斑紋。在鴨群中體型屬於大型的。

Birdwatcher's Guide
TO THE
TAIPEI REGION

● 鬧中取靜的水鳥樂園。

● 電塔上是遊隼的樓所。

【紅嘴鷗】
普遍的冬候鳥，常成群出
現在海岸、河口、魚塭。
背部灰色，腹部白色，
嘴、腳暗紅色。

大麻鷺；小燕鷗、黑腹燕鷗及紅嘴鷗也會經此進入更內陸
的新店溪流域。

　　在鴨群密布的河灘高地，有一聳立的高壓電輸線鐵
塔，每年固定會有一對遊隼在塔上停留度冬。這對遊隼早
已把華江雁鴨公園當做豐富的獵場，高塔上是牠掌控地盤
的最佳瞭望台，河道的水鳥、旱地的陸鳥，以及草原嚙齒
類小動物及昆蟲，大小不拘，都是牠的覓食目標，只要牠
從停棲的高塔飛起，河岸上的鴨群便慌張的在水面逃竄，
遊隼「趁機掠食」的高超動作，是其他猛禽難以相比的。
遊隼掠食多在空中進行，先拍翅滑翔，遇見獵物便收翅以
身體急速衝擊，利用獵物失神墜落的瞬間，再度俯衝擒
拿，即使是體型和牠相當的水鴨或秧雞，都難逃過牠的捕
殺。

　　成長快速的河邊植物群落是陸鳥隱蔽的處所，伯勞經
常躲藏其中，秋冬季則會看到一種褐色羽毛、鳴聲宏亮的
野鴝，春季來臨時牠們所展現的鳴聲像是自然的歌唱家，
為大地添加了幾分聲色。野鴝是相當受人喜愛的籠鳥，雄
鳥喉部的赤紅斑羽塊常被人誤以為牠的喉部在流血。

Birdwatcher's Guide
TO THE
TAIPEI REGION

整個冬季，華江雁鴨自然公園是一處可以親子共樂、近水觀察野鴨的好去處，從雜亂的環境蛻變成親水公園，華江雁鴨自然公園的轉變令人驚艷，如同一粒精雕玉琢的寶石散發光芒，愈看愈吸引人。

【野鴝】
普遍的冬候鳥。經常單獨出現在平地到低海拔田野空曠地，台北市的都會公園內偶爾可見。全身以淡褐色為主，雄鳥喉紅色，雌鳥喉白色。

117

大崙尾步道

追逐天空的群鷹

渾厚的大崙尾山橫躺在台北盆地的北邊，

區內設有完整的步道系統，夏夜是賞螢的神秘花園，

平時則是適合親子健行的自然教室。

當滿山相思樹鵝黃色的穗花準備繽紛落下時，

結束避冬的鷹群正從台灣島嶼的北方高空越過，

回返更北的繁殖地。

不需上人潮眾多的觀音山，

視野開闊的大崙尾山頂，

就是台北市境內觀看這群空中霸王的最佳展望點。

Birdwatcher's Guide
TO THE
TAIPEI REGION

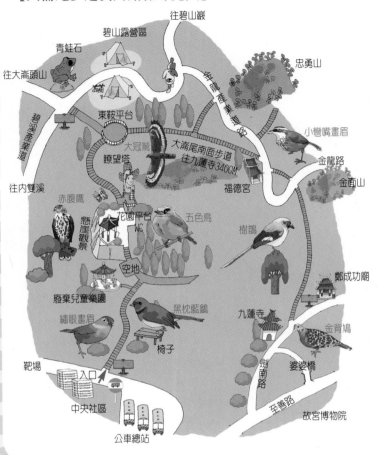

【大崙尾步道賞鳥路線導覽圖】

往碧山巖
碧山露營區
青蛙石
往大崙頭山
忠勇山
碧溪產業道
東鞍平台
產業道路
小彎嘴畫眉
大冠鷲
大崙尾南面步道
往九蓮寺3400M
金龍路
瞭望塔
金面山
往內雙溪
赤腹鷹
福德宮
懸崖觀景
花園平台WC
五色鳥
樹鵲
空地
鄭成功廟
廢棄兒童樂園
黑枕藍鶲
九蓮寺
繡眼畫眉
椅子
劍南路
金背鳩
靶場
入口
婆婆橋
中央社區
至善路
故宮博物院
公車總站

【賞鳥路線】自士林捷運站轉搭公車到中央社區的社區七站即已抵達大崙尾步道口。一‧五公里到山頂，可由外雙溪及內湖金龍寺下山。步道石階較窄，遊客多，故行進中不易停下賞鳥，可在較開闊處觀賞。

【代表鳥種】含蓋大部分低海拔的鳥種，春秋二季有赤腹鷹、灰面鵟鷹等過境猛禽。

【餐　飲】無餐飲店，須自備飲用水。

● 中社路方向步道入口。

【繡眼畫眉】
台灣特有亞種，常與其他
鳥種成群出現於闊葉林山
區，全身大致為灰褐色，
眼部有一明顯的白色環。
鳴聲常做為多族原住民的
鳥占。

　　來一趟大崙尾山的賞鳥之行，鳥友們將會發現，除了
觀看飛禽外，其他繽紛的蝴蝶和多采的生物與景致充滿旅
程的四周。在大崙尾山頂往北邊眺望，清晰的七星火山
系、紗帽山特殊的造形盡在眼前，而對面的平等里鵝尾山
丘陵，士林與北投區的部分景物也在視線之內。大崙尾山
海拔並不高，只有四百多公尺，不過保留的低海拔原始林
相還算不錯，所呈現的自然景觀也相當豐富，所以台北市
政府很早就在此規畫了多條登山步道，讓市民可以進行老
少咸宜的登山、郊遊、賞鳥等戶外活動。大崙尾山附近有
一處碧山露營地，很適合露營賞螢和夜間觀看星相。當夜
幕低垂，在沒有光害的山區抬頭細數夜空閃亮的星辰，別
有一番風味。

　　到大崙尾山賞鳥最方便的交通是在士林捷運站轉公車
二五五路往中央社區，在終點站──中央社區七站下車，
往前走五十公尺，登山口就隱藏在路旁的密林間，而指示
牌也已佇立在那裡，提供遊客們一些資訊。這時不必急於
上山，因為林間的綠畫眉已毫不吝嗇的在向各位問早了。
外形酷似綠繡眼的綠畫眉，最大的區別在於頭冠上一叢凸

Birdwatcher's Guide TO THE
TAIPEI REGION

出的羽毛，但沒有冠羽畫眉明顯，而牠渾綠的羽色、輕脆的鳴聲往往使人難忘。大群繡眼畫眉和綠繡眼也不約而同的來湊熱鬧，以驚人的聲勢給賞鳥人帶來驚喜。但是，可不要太興奮，因為走上入口處後，有一段約七百公尺的小上坡石階正等各位挑戰呢！

● 挑戰腳力的石階。

在石階上，可以緩步慢行，甚至相互照顧或禮讓，這麼做是有用的，因為緩慢前進不至於太喘，而在相互照顧和禮讓的同時，可以看到一些害羞的黑枕藍鶲在林枝間活潑的跳躍或飛翔。黑枕藍鶲雌雄雙親的感情令人動容，有時可見到牠們以小搏大、再接再厲的護雛行為，勇敢的追逐驅趕想要咬食雛鳥的紅嘴黑鵯。令人難以相信的是，以紅嘴黑鵯的體型和習性，竟然是黑枕藍鶲的手下敗將！這

● 大崙尾鞍部。

【五色鳥】
台灣特有亞種，是闊葉林
中普遍的鳥種。聲音如敲
木魚聲容易聽到，但羽色
與綠葉相似，偽裝極佳，
需細心尋找，才能見到，
體型圓短、飛行速度緩
慢。

給人的啟示是很深刻的。紅嘴黑鵯在原住民的傳說故事
中，是替布農族人咬取火種的神鳥，也是布農族人出外打
獵時的占卜鳥，許多布農族人深信離家打獵之際，沿途如
果聽到紅嘴黑鵯鳴叫，則此行絕對豐收。

　　爬完石階，岔路指示牌旁的五節芒草叢裡，在潮濕季
節可以看到菰蘭怪異的植株緊靠在芒根處生長著，鍬形蟲
則圍繞在那裡吸食汁液和腐蝕物。左邊的小徑是通往大崙
尾山的方向，春天，當相思樹黃色小花散落滿地，隨風滾
動時，山紅頭和頭烏線這兩種鳥就慌而不亂的在其中尋找
來不及蛻化的蟲體，帶回巢中餵育幼雛。路徑前方有一座
民間團體早年私設的雕塑景觀廣場，這些宗教歷史人物塑
像因長年失修，已呈斷首殘臂狀，實在可惜。倒是雜草叢
生中的那棵山黃麻樹鶴立雞群般茂盛的開花結果，默默陪
伴著這些被遺棄的工藝作品。山黃麻提供了細小的果實讓
許多鳥兒飽嘗美味，白頭翁、綠繡眼、樹鵲簡直喜歡它到
忘我的境界，往往吃得津津有味，一點也不理會賞鳥者的
指點和竊語。

　　小徑底是一處樹蔭蔽日的涼爽空間，有一小亭可做短

Birdwatcher's Guide
TO THE
TAIPEI REGION

暫休憩。這裡低海拔林相多樣，華八仙、酸藤、紫花霍香薊、咸豐草等各種蝴蝶、幼蟲的蜜源食草植物充滿其中，牢牢的引誘了自然舞姬的鱗翅目蝶、蛾的到來；鳳蝶科、粉蝶科、蛇目蝶科，甚至顏色單調的弄蝶科……等蝴蝶，在此都可按圖索驥比對觀察呢！

　　林木裡小彎嘴畫眉急促的「嘟、嘟、嘟、嘟」叫聲，催促著人們應該起程了，順坡而上陡峭的石階，其實這段石階步道比登山口的那七百公尺石階要來得輕鬆，因為路徑旁的江某樹木高大，一路微風拂面，林下陰濕的環境，兩旁翠綠的伏石蕨、烏毛蕨都在腳邊昂首歡迎，而就在不知不覺中，花木扶疏、石桌木椅的松林平台眺望區已出現在眼前了。這裡是大崙尾山的制高處，一塊隱藏在木屋旁

● 林蔭下的岩片步道。

【赤腹鷹亞成鳥】

的三角點柱石，躲過了許多人的踩踏，但卻成為紫嘯鶇的停棲處。松林平台顧名思義是一塊植滿琉球松樹的遼闊地區，這兒曾是民眾最喜歡的地方，景致美麗、視野廣闊，遺憾的是，近年來琉球松樹遭到天牛的幼體松材線蟲的侵襲，都已葉落幹枯了。由於它們的枯死造成一批台灣藍鵲失望的舉家他遷，賞鳥同好想在青翠松林間傾聽牠們的鳴叫和欣賞牠們優美的身影，也只好望樹興嘆或祈禱奇蹟出現了。

　　塞翁失馬，焉知福禍？得失往往在剎那之間，鳥友同好不妨到松林平台區觀察台灣另一種深受大眾喜愛的漂亮五色鳥的生態過程。春天求偶期，五色雄鳥群常會各自在一棵枯死的松樹上，先以「叩～叩～叩」的叫聲來宣示領土的範圍，接著再以嘹亮真誠的音調來向雌鳥表示愛意。當牠們配對完成後，兩性築新房、孵育……等傳宗接代的繁殖行為，就在這兒依序完整的展現在民眾眼前，這種難得的生態觀察經驗，可說是松樹枯死後的一項功德吧！對五色鳥而言，選擇一株已枯萎的高大樹幹來啄洞築巢，是比較輕鬆的差事，因此經常可見五色鳥利用過的巢樹傾倒

【赤腹鷹】

普遍的春秋過境鳥，是台灣過境數量最為可觀的猛禽，每年的過境數目至少都在六萬至七萬隻。成鳥背羽為鉛灰色，腹部為灰白色，上腹部為赤褐色。亞成鳥背羽大體為褐色，腹面雜有褐色斑紋。

在路旁。

　　離開松林平台區後的步道旁有一座原木搭建的瞭望台，可眺望忠勇山和大直基隆河岸風光，也可以清晰的看到腳下的碧山露營地，更是台北市郊山絕佳的賞鷹點。平時不需費力，輕鬆抬頭便可欣賞到在藍天翱翔的大冠鷲、赤腹鷹，以及快速穿越雲間俯衝而下的台灣松雀鷹。台灣松雀鷹是本島中、低海拔森林中活躍的掠食者，獵捕對象以鳥類為主，隱密性極高，在天空中很少做長時間的盤旋，而是採林間埋伏突擊的方式獵捕。令人驚訝的是，屬於小型猛禽的台灣松雀鷹，竟敢掠奪體型較牠龐大數倍的大冠鷲幼鳥來餵食雛鳥，或許也是自然生態的另類制衡吧！

● 碧溪產業道上的青蛙造形石。

125

● 山頂的眺望台可觀賞猛禽。

【灰面鵟鷹】
普遍的春秋過境鳥,是台灣過境數量最多的中型猛禽,背面羽色為褐色,眼部有白色眉線,虹膜為黃色,臉頰為灰色,故名「灰面鵟鷹」。有黑色喉央線,飛行時雙翼像刀片狀。

　　春秋過境期,當多數賞鳥人南北舟車奔波賞鷹時,卻不知近在咫尺的台北市內就有一處近距離貼近猛禽的山頭。春天,返回北方的鷹群通過橫亙的觀音山頂時,一部分直接從淡水河口出海,有些則越過關渡平原往大屯山、五指山系前進。大崙尾山頂的瞭望台便可見蜂鷹、赤腹鷹、灰面鵟鷹成群而過,少數的鵟鷹會在低空定點滯留,有一副狹長翅膀的燕隼則疾風式的在晴空裡來回劃著大弧線。秋天,部分的南遷猛禽再度通過這裡,同樣的戲碼再次上演。雖然辨識猛禽是賞鳥的進階功夫,但能貼近猛禽飛行的經驗,也足夠讓人興奮了!

　　大崙尾山返程的步道路線明顯,只要循著指標,不用擔心迷路。喜歡植物的同好到這裡也會有所收穫,向陽背陰的環境裡,孢子植物的蕨類滿地遍野,欣欣向榮混生或各領風騷的生長著,包括:芒萁、腎蕨、鳳尾蕨,還有幾棵高大的筆筒樹,讓人感覺彷彿進入侏儸紀世代。

　　從大崙尾南面步道拾級而下,來到往金面山、內湖金龍寺的步道叉路,地處登山中繼站,來往人潮熱鬧,休息處上方的白頭翁、斑頸鳩居高臨下注視著過往的遊客。大

Birdwatcher's Guide TO THE
TAIPEI REGION

● 樹林下的芒萁。

崙尾山路線的奇遇有賴大家各自去體驗，而沿途景觀除了
豐富的鳥況外，翠竹、古厝、古刹、石橋等文史遺跡也將
帶給大家另一情趣！結束行程時會跨過著名的婆婆橋，而
路口對面就是聞名中外的故宮博物院了……。

虎山自然步道

大冠鷲競技場

晴朗的日子是大冠鷲遨遊天際的最愛，

當熱氣發展到一定的程度，

大冠鷲便平展那寬圓的黑色雙翼，

輕鬆的飄浮在氣流上，

並發出傳遞很廣的嘯聲「忽悠——忽悠」。

位於台北市東南側的虎山，

保留著相當豐富的溪澗生態與低海拔植物資源，

山頂上遼闊的視野是眺望市區景致的制高點，

更是觀賞大冠鷲競技的最佳看台。

Birdwatcher's Guide
TO THE
TAIPEI REGION

【虎山步道賞鳥路線導覽圖】

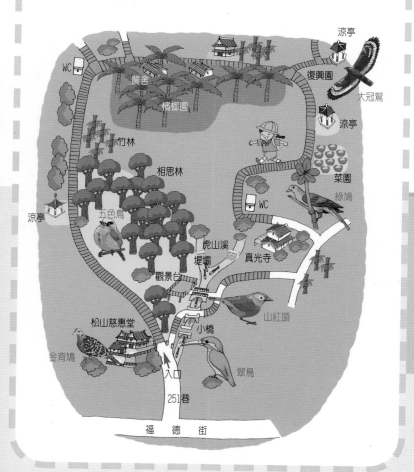

涼亭

WC

復興園

大冠鷲

農舍

檳榔園

涼亭

竹林

菜園

相思林

綠鳩

WC

涼亭

五色鳥

虎山溪

堤堰

真光寺

觀景台

山紅頭

松山慈惠堂

小橋

金背鳩

入口

翠鳥

251巷

福 德 街

【賞鳥路線】公車便捷，信義幹線、忠孝幹線、46、54、69、263、207奉天宮站下車，257、286福德國小站下，仁愛幹線、33、258、504、277、299松山商職下，往福德街251巷底進入步道口。全程一公里。

【代表鳥種】低海拔森林鳥類、溪澗鳥、大冠鷲及洋燕。

【餐　飲】無餐飲店，須自備飲用水。

秋

【虎山自然步道】大冠鷲競技場

129

● 虎山平日即遊客眾多。

　　老一輩喜歡踏青郊遊的台北市民對於松山的四獸山絕對無法忘懷，這依山形貌取名的綠色山脈，分別為虎山、豹山、獅山和象山，其中的虎山山脊酷似一頭伏臥的老虎俯視著腳下的台北盆地，躍躍欲試的景觀讓人百看不厭，因此到虎山賞鳥觀景的民眾是四座山中最多的。

　　虎山並不高，海拔僅一百四十公尺，卻擁有很豐富的溪澗生態和低海拔典型的森林，由於各種生態環境條件不錯，因此台北市政府在十多年前就規畫了一條市民休閒的登山步道，這條老少咸宜的步道，提供喜愛戶外活動及觀察自然生態的登山者莫大的便利。到虎山賞鳥的交通非常方便，有多線的聯營公車會在山腳的福德國小與慈惠宮停靠。一般會從福德街二五一巷或二二一巷進入，平日巷弄即顯得人潮川流不息，都是上山踏青的，路過松山慈惠宮後就完全進入步道範圍。

　　虎山溪是這條步道的起點，台北市政府以自然生態工法營造出一處兼具水土保持與自然保育的溪流，佇立親水堤岸便能看見魚蝦在水潭間悠游，水黽在平靜的水面上展現著高超的滑水技巧，溪邊則飛舞著婀娜多姿的豆娘，輕

【洋 燕】
留鳥，普遍出現在平地到低海拔山區。尾短，略為分叉，腹部灰褐色。經常成群在河川、耕地與城市的空中盤繞飛行。會選擇在民房的屋簷下築巢。

Birdwatcher's Guide
TO THE
TAIPEI REGION

● 饒富野趣的虎山溪。
● 溪中的生物吸引鳥類
　駐足。

● 臨溪的亭子是等待鳥兒出現的觀察點。

台灣特有亞種，為大型的畫眉鳥，聲音圓潤洪亮、富變化，但活動於森林底層，不易見。

薄的羽翅彷彿紅樓夢裡的林黛玉，輕巧的身子逗得灰鶺鴒無法安靜下來，只能站在石礫上搖動尾羽輕叫著……。在兩旁的草叢中不時傳來山紅頭「都、都、都、都」成串而緩慢的聲音，這種褐色身羽、體型嬌小、頭上彷彿戴著小紅帽的可愛鳥兒，很多人對牠是只聞其聲未見其影，但虎山溪的山紅頭卻不會令人失望，他們總是成群的頑皮探出紅色小頭讓人看個夠。溪邊的石頭上，色彩鮮艷的翠鳥佇立著，準備覓食魚兒的情景總是吸引賞鳥人的目光，而這時淺水區的小白鷺與夜鷺正在那虎視眈眈的想分一杯羹呢！

　　清晨與黃昏是虎山溪賞鳥的最好時機，因為這時是鳥兒最活躍的時刻。鳥類覓食比較喜歡選在早晨與黃昏是有原因的，黃昏夜幕低垂之際，鳥類得先吃飽保持體力以度過夜晚的低溫，而清晨旭陽東昇，他們便踩著晨露忙碌的覓食，補充體力。黃昏時刻，幸運的話，也有可能見到大彎嘴畫眉，甚至小鳥群在溪流淺水處排隊入浴的有趣畫面。

　　虎山溪小徑旁的木造涼亭是一處賞鳥觀察自然的好地

- 小溪旁的樹林小徑經常有溪鳥出現。
- 小路旁常見的紅樓花。

● 相思樹林下的涼亭。

方，到這裡不要急著走，小坐一會兒，就會看到寶藍羽身的紫嘯鶇在眼前飛過，不要懷疑牠的存在，如果是繁殖季，紫嘯鶇會忙著努力餵食雛鳥，即使被賞鳥人窺視也顧不得了，仔細觀察在亭子對岸的岩壁窪洞就有牠的安樂窩。虎山偶爾可看到小雲雀，繡眼畫眉也不少，沿步道小徑前進，牠們的蹤影和鳴聲時時出現在眼前和耳邊，讓人感到分外滿足。因為狹窄封閉的山谷地形，日照時間較短，濕度較高，即使是夏季，步道的路徑也比較濕滑，在仰頭觀望野鳥時，需要特別留意腳步！

踏上沙岩石階步道緩步前進，沿途可觀賞各種生長在乾濕不同環境裡的植物，耐陰濕的蕨類在虎山顯得特別蓬勃多樣，包括：形體高大的樹蕨－－台灣沙欏、筆筒樹、地生蕨的觀音座蓮、烏毛蕨、附生樹幹的崖薑蕨、伏石蕨和貼地的鐵線蕨、台灣水龍骨等，步道上設有完備的指示解說牌，適時提供遊人相關資訊。

穿過枝椏傾斜下壓的相思樹林，到了山腰，是一片寬廣的腹地，有一大片的竹園，可惜許多檳榔樹和錯落的人工建物稍煞風景。過了綿密的綠竹林，抵達視野開闊的獨

【小雲雀】
普遍的留鳥，出現在平地開闊的草生地。經常直線上飛，並能在空中定點拍翅，不停的鳴唱，叫聲嘹亮、富變化。

Birdwatcher's Guide
TO THE
TAIPEI REGION

● 山谷地形適合各式
　蕨類的生長。
● 台灣水龍骨。

● 從復興園眺望台北市區。

【大冠鷲】
台灣特有亞種,是分布極
為廣泛的大型猛禽,晴天
時常見數隻盤旋於高空,
並發出「忽、忽、忽悠--」
的叫聲。

立山頭－－復興園,可以眺望台北盆地景觀,也是居高臨
下觀看虎山山脊稜線的最佳位置。復興園是虎山賞鳥和休
息的據點,天氣晴朗時,更是觀賞大冠鷲翱翔藍天的制高
點,人們可以清楚的看到牠翼下白色帶狀羽斑的特徵。

俗稱「蛇鵰」的大冠鷲是賞鳥同好們最熟悉的猛禽,
也是台灣猛禽中最親近人類的一種,通常在郊山的領空便
能發現牠們的蹤影,牠那邊飛邊叫的特殊行為是其他猛禽
所少有的,常可聽見賞鳥者模仿的叫聲。春天,是牠們的
求偶期,在這裡可以欣賞到七、八隻大冠鷲在此展翅,將
藍天當成競技場,飆速呼嘯,有時會表演倒栽相互抓腳翻
滾的動作,那是表達愛意的行為。夏天,能看到家族的出
遊,不同的花色可辨別出幼鳥正跟隨在成鳥的身後學習飛
行技巧,只要是晴空萬里的日子,虎山的上空,大冠鷲巡
曳幾乎成為慣例,所以想近距離看大冠鷲,到虎山絕對錯
不了。

「虎落平陽被犬欺」的俗語在這兒也能印證。大冠鷲雖
然兇猛,但遇到大卷尾(烏秋)時也只能認命了。尾羽有
深叉的大卷尾是空戰纏鬥的高手,經常把體型大地數倍的

Birdwatcher's Guide
TO THE
TAIPEI REGION

● 陰濕的山谷頗有雨林
　的形貌。
● 用花崗岩舖成的步
　道。

● 步道以蕨類為代表性植物。

【黑臉鵐】
普遍的冬候鳥，出現自平
地到低海拔山區。體型與
麻雀相似。

大冠鷲追逐得落荒而逃，永遠不是牠的對手；不過強中自
有強中手，大卷尾碰到遊隼時也只能讓步三分了。在虎山
復興園觀賞遊隼的機會很多，碩壯的遊隼，俯衝速度每小
時可達八十公里，稱霸鳥類金氏紀錄，中東國家許多貴族
都有飼養遊隼來捕捉獵物的習俗。

　　從復興園往下到真光寺，也是主要的賞鳥點，綠鳩、
五色鳥和紅嘴黑鵯、黑臉鵐則是這裡的常客。綠鳩常成群
結隊停在屋頂琉璃瓦上整理羽毛，或低頭輕咕做出求偶的
動作，而五色鳥「叩～叩～叩」的鳴聲，常夾在由寺廟傳
出的木魚聲中讓人無法分辨。最可笑的是紅嘴黑鵯竟然會
發出貓叫的聲音來擾亂寺中的清淨，這大多是因友伴失去
行蹤而發出焦急求助的鳴聲。真光寺周邊環境幽雅，到此
賞鳥可以順便休憩片刻；寺前廣場有香客灑五穀雜糧引來
的鳥也不少，麻雀、白頭翁、綠繡眼、斑頸鳩……等煞是
熱鬧，有時松鼠也會跑來爭食，看到牠們和平相處，絕少
爭奪的祥和景象，足以讓人忘掉所有的煩惱。

　　踏上歸程返回來時路，成群樹鵲沙啞的聒噪彷彿向人
道別，那種聲音給人感覺是天籟而非噪音。偶爾會出現俗

稱「長尾山娘」拖著藍色長尾的台灣藍鵲，那天女下凡般的美姿，令人永難忘懷。

再次聽到潺潺的流水聲，很快又回到虎山溪親水區，踏出石橋結束這段難忘的賞鳥行，返回慈惠宮，香客敬奉的柱香清煙裊裊的飄向天際，台灣傳統式廟宇屋頂的玻璃剪黏，無論造形及色彩都顯得樸拙，幾隻俗稱「達摩鸚鵡」的紅領綠鸚鵡，以脫逃成功的姿態在琉璃瓦上鳴叫慶賀。以踏青的心情到虎山步道賞鳥、認識植物絕對讓你不虛此行，相信嗎？走一遭親身體驗吧！

芝山岩文化史蹟公園 ➡

城中島上尋鳥蹤

芝山岩海拔約五十二公尺，
是一處同時具有豐富人文歷史與自然資源的小森林，
從一萬年前台北湖中的小島，
逐漸轉變為突出盆地邊緣的孤立山丘，
使此處的地質與植物呈現獨特的形貌，
而數百年來，先民墾殖的痕跡，
也遺留下寶貴的文史資產。
今日，公園內規畫了完整的步道系統，
讓大家可以輕鬆探訪這難得的自然教室。

Birdwatcher's Guide

TO THE
TAIPEI REGION

【芝山岩文史公園賞鳥路線導覽圖】

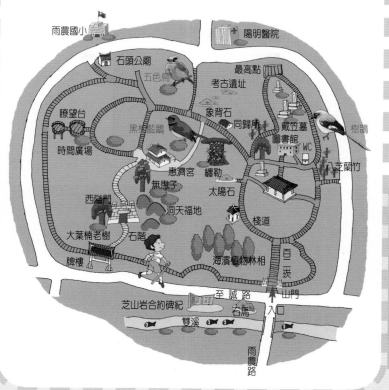

雨農國小
陽明醫院
石頭公廟
五色鳥
最高點
考古遺址
象背石
瞭望台
黑枕藍鶲
同歸所
戴笠墓
圖書館
樹鵲
時間廣場
WC
芝蘭竹
惠濟宮
纏勒
無患子
太陽石
西隘門
洞天福地
大葉楠老樹
石階
棧道
牌樓
海濱植物林相
百二崁
山門
至誠路
石馬
入口
芝山岩合約碑紀
雙溪
雨農路

秋

【芝山岩文化史蹟公園】 城中島上尋鳥蹤

【賞鳥路線】交通便利，可搭北淡捷運線士林站或芝山岩站下車散步
前往，或搭公車206、267(副)、645在芝山公園站下車，紅12、紅
15、216、279、285、606、646在雨農國小站下車。區內多為木棧
道，沿途設有自然解說牌。

【代表鳥種】樹鵲、五色鳥、黑枕藍鶲。

【餐　飲】僅山下有餐飲店，須自備飲用水。

● 雨農橋下的雙溪。

　　經過規畫後的芝山岩文化史蹟公園給人煥然一新的感覺，這塊小山丘除了有豐富的史前圓山文化層外，歷經各時期的文化史蹟都是值得大家來探索的。這裡的步道規畫完善，林相年年受到民眾保護而顯得欣欣向榮，對著人們傾訴此地的古老傳說與歷史。來這裡遊賞的人總會驚訝，彷彿進入一處熱帶濕林，令人心靈清涼舒適。

　　芝山岩的植物是多樣性的，一般山林的低海拔植物在這長得茁壯茂盛，幾棵老樟和茄苳仍然聳立於丘地，成了印象中的「神樹」，攀附樹幹的鳥巢蕨及毬蘭更是緊緊依偎在上面，海濱植物的海檬果、穗花棋盤腳也在這裡隨遇而安的定居下來。這些植物的出現，證實此地原本就是昔時台北湖中的小島，因為海濱植物便是隨水漂流到這裡的種子所落地生根的。

　　除了文化史蹟外，芝山岩文化史蹟公園也是觀察大自然的好去處，眾多喜愛大自然的民眾和社團經常把這裡當做戶外教學的據點。鳥友到芝山岩文化史蹟公園賞鳥，大部分會從士林中正路往陽明山方向前往，左轉雨農路。在雨農橋前的市場走廊，家燕便築巢在熙來攘往的商家簷

● 石馬是芝山岩的守護者。

Birdwatcher's Guide
TO THE
TAIPEI REGION

【蒼鷺】
普遍的冬候鳥。嘴腳黃色，
全身大致為灰色，眼側有黑
色飾羽垂到頸後，前頭有數
道黑色虛線。警戒性高，不
易接近。

　　下。上到雨農橋，總會看到一群小白鷺和夜鷺在整治過的
雙溪中活動覓食，而岸旁草地上的黃頭鷺則優哉的在咸豐
草叢中尋找自己喜愛的昆蟲。秋冬季候鳥的大白鷺、蒼鷺
也會湊上一腳在這群鷺鷥家族中出現，蒼鷺是台灣鷺鷥家
族體型最大的，體長有九十三公分。

　　認識這處國家二級古蹟，要從橋頭開始，路邊很容易
忽略的一處窪地，藏匿著一匹石馬遺跡，據傳是開彰聖王
的坐騎，石馬旁有一面新建的文字牆，是記載早年運用芝
山岩保護山林的「芝山岩合約碑紀」，如今居民樹立此牆，
有重效古人的用心。

　　從雨農路拾級而上，穿過公園的山門進入芝山岩文化
史蹟公園，是一段鳥友同好最值得嘗試和回憶的路段，因

● 纏勒現象是榕屬植物的特徵。

【白耳畫眉】
台灣特有種，頭、背暗灰色，有明顯白色過眼線延伸至後頸，腹部橙黃色。鳴聲響亮，在闊葉林中是非常活躍的一種大型畫眉鳥。

為在山門旁的巨石上有看似恐怖、摸起來卻很可愛的馬陸，他們的外形常被人誤以為是蜈蚣，喜歡成群在陰暗的石塊上蠕動著緩慢爬行，密密麻麻一致的對足，值得用放大鏡去觀察。在秋冬季抵達的鶇科鳥類對牠卻是又愛又恨，曾見到一隻虎鶇貪得無厭的想去捕食牠，結果弄得面紅耳赤，失望離去，因為馬陸的軀殼及其分泌的異味，讓虎鶇無法輕易得逞。還有一次是無趣的赤腹鶇花了九牛二虎之力，硬是從陰暗深處將馬陸挖出，想飽嘗一番，結果定神一瞧後，反而驚慌失措的快速飛離，那種彷彿見到瘟神般的窘迫狀，讓同好們不覺莞爾。

穿過山門，有二條步道是必走的賞鳥路線，右邊的路徑通往雨農紀念圖書館，每當茄苳果成熟之際，樹鵲最喜歡在這裡自在的覓食，資深鳥友常自告奮勇的帶領民眾到此欣賞。當然五色鳥、紅嘴黑鵯及白耳畫眉也會來，不過以覓食行為的先後順序而言，樹鵲絕對是搶先嘗鮮的。初秋茄苳果熟靡後，也會看到活潑的短翅樹鶯、極北柳鶯在茄苳樹上又吃果實又找昆蟲。在芝山岩文化史蹟公園活動的五色鳥也讓人印象深刻，他們喜歡在枯木上鑿洞築巢，

一些枯木樹幹的圓洞，幾乎都是牠們遺留的傑作。對於五色鳥把滿嘴木屑攜往別處丟棄的辛勤傻勁，許多人會認為多此一舉，但當了解這是一種自我保護的生態行為後，大家也不得不佩服牠們的費心。

順著步道繞到圖書館後方，八芝蘭竹叢間散落一些碑林遺跡，石碑上刻寫著先民奮鬥的文史，引人追思。陰暗的林相裡有幾隻黑枕藍鶲愉快的佔據此地，這種相傳是大青葉汁染成的鳥類，在東南亞某些國家也會看到牠們的蹤影，可說是四海之內皆兄弟，事實上牠們原本就是同一家族！秋冬季有些候鳥會飛到這裡度假，例如：灰斑鶲、寬嘴鶲就喜歡陰暗的林相，牠們圓滾滾的眼睛和乖巧的模樣最引人注目。鶲科鳥類有定點捕食的行為，看到牠站在枝

● 雨農圖書館前的老樟樹。

145

● 觀景台的台北盆地模型。

【白鶺鴒】
普遍的冬候鳥及少數的留
鳥。羽色為黑、白二色，
尾細長，飛行時呈波浪
狀，喜好在開闊平坦處活
動，經常小快步行走，停
棲時會上下擺動尾羽。

頭忽然飛出去捕蟲時，千萬不要立即離開或移動視線，因
為一會兒他們就會飛回原來的棲息處。

雨農圖書館右前方是一株樹齡三百年的老樟，彷彿引
人進入時光隧道，右邊棧道這段路是芝山岩相當有看頭的
一段，同歸所是一百五十年前（一八五九年）漳泉移民械
鬥喪亡者合葬的大墓公。往前走幾步，左側一處解說牌說
明著「纏勒現象」，仔細一看，旁邊一棵榕樹根莖像一張黑
色蜘蛛網蟠纏在地表上，這種纏勒過程是桑科榕屬植物的
特徵，也是熱帶地區的指標現象。再走幾步，右側有洋蔥
石的特殊地質，兩旁多樣的植物相，吸引了不少鳥兒在此
活動，冬季時，鶇科、樹鷚也在此隱藏棲身。走到岔口，
不必忙著到惠濟宮，先走五十公尺往時間廣場前進，圓形
平台地面標示著時間軸，解釋芝山岩的形成歷史。再往裡
走，是一處眺望的高點，難得的是，可以看見一個地景模
型，清晰的重現台北盆地。

芝山岩文化史蹟公園內的惠濟宮是道教廟宇，供奉的
主神是庇佑開荒墾殖年代漳州移民的守護神－－開漳聖
王，這處三級古蹟經過多次的大肆修建整形，早已失去原

Birdwatcher's Guide
TO THE
TAIPEI REGION

貌，但廟前廣場視野遼闊，山巒翠林讓人心曠神怡；地面上，金背鳩安逸的覓食著廟祝餵食的雜糧，而在台灣繁殖的白鶺鴒偶爾也會出現在廣場上漫步。許多鳥友常認為白鶺鴒是季節性候鳥，其實牠有一個亞種在台灣繁殖。

　　散放早期寺廟石材的花園，雖然花木不多，卻有許多鳥類在這裡停棲，只要安靜觀察就會有令人驚奇的發現。繞往惠濟宮牌坊的石階步道，從另一條路下山，便是歸途，但不要急促，因為在步道上可居高臨下輕鬆觀賞到一些鳥在這裡活動。民眾的籠中逸鳥家八哥是石階的路霸，牠們常毫無忌憚的在人們面前大方踱步，大眼瞪小眼，彷彿在告訴大家別侵犯到牠的地盤，而當牠們成群飛往山下住宅區時，數量龐大的聲勢，有如大軍壓陣，令人驚歎。

● 惠濟宮。

● 挑高的木板棧道與
　環境融為一體。

　　通常到惠濟宮牌坊時，頂多看看入口雄偉的山岩峭壁就往下穿過西隘門結束行程，這就可惜了，因為好酒沈甕底。左邊通往雨農路的木板棧道才是精華區，一般賞鳥者沒繼續走的原因是因為要走過古墳文史區，其實步道兩旁是賞鳥的最佳環境，輕聲慢行除了不打擾到先民的安息，也讓賞鳥品質變得更好。以憑弔古蹟、懷念先民的心情在此處觀看，出現眼前的都是一些喜愛鳴唱的繡眼畫眉、綠畫眉、山紅頭和難得露臉的頭烏線，相信此景將使人放鬆心情，並忘卻心中的忌諱與害怕。如果再出現台灣特有種的紫嘯鶇，那麼這趟芝山岩文化史蹟公園的賞鳥行程，便可劃下完美的句點了……。

● 芝山岩的西隘門。

冬

烏來賞鳥步道
最初的山鳥洗禮

關渡平原
水鳥濕樂園

忠義小徑步道
候鳥的小棧

翡翠四崁水
山鳥新聖地

Birdwatcher's Guide
TO THE
TAIPEI REGION

烏來賞鳥步道

最 初 的 山 鳥 洗 禮

當冬季變色的葉片從闊葉樹上消失，

黃、紅彩羽的紅山椒鳥即取代了落葉，停滿了枯枝，

成為山區裡最醒目璀璨的一棵樹。

風起，「黃、紅彩葉」同時飄起，

在溪谷間翻飛了幾圈，

發出一陣如銀鈴般悅耳的聲音，

尋找下一棵需要妝點的枯樹。

冬天的烏來是欣賞灰喉山椒鳥演出魔幻戲碼的最佳地點，

此時中海拔的山鳥與度冬的候鳥聚集在一起，

罕見的林鵰與黃魚鴞更為烏來打造出一面閃亮的賞鳥金字招牌。

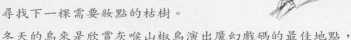

Birdwatcher's Guide TO THE
TAIPEI REGION

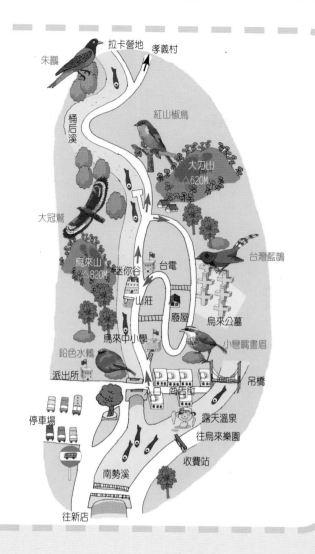

【烏來（桶后溪）賞鳥路線導覽圖】

拉卡營地　孝義村

朱鸝

紅山椒鳥

桶后溪

大刀山 △620M

大冠鷲

台灣藍鵲

烏來山 △820M
迷你谷　台電

小山莊

廢屋

烏來公墓

烏來中小學

鉛色水鴨

小彎嘴畫眉

派出所

商店街

吊橋

停車場

露天溫泉

往烏來樂園

收費站

南勢溪

往新店

【賞鳥路線】自新店捷運站轉搭新店客運烏來線到烏來車站，往孝義村方向前進，到迷你谷前方岔路，有賞鳥步道指示牌，到啦卡營地。來回約七公里，路況佳。

【代表鳥種】含蓋大部分溪流鳥類包括：紫嘯鶇、翠鳥，稀有的鳥種有：林鵰、朱鸝、黃魚鴞、黑鳶等。

【餐　飲】沿路除入口小吃外無餐飲店，須自備飲用水。

151

● 溪谷旁的樹林是鳥群主要的活動點。

　　一直以來，烏來便是台灣經典代表的賞鳥地點，也是大台北地區多數賞鳥者首次體驗觀賞山鳥的一處啓蒙地。近十年來，台北市野鳥學會的兒童夏令營也都選擇在此處舉辦，估計十年間，增加了近萬名在烏來接受過台灣山鳥洗禮的賞鳥新血輪。

　　烏來山區可供賞鳥的路線有二處，一處為遊樂區內南勢溪沿岸的娃娃谷步道，另一處是烏來車站旁的桶后溪步道，後者是賞鳥者較常走的路線。這條來回約七公里的賞鳥道，沿途伴著清幽的溪谷，一般觀光客較少進入，干擾也小，是一條四季都適合觀賞野鳥的散步道。

　　這段路從烏來車站開始便沿著桶后溪緩緩上行，途經孝義村到達桶后營地。桶后溪盤繞的烏來山標高八二〇公尺，山勢陡峭，林相保存相當自然原始，提供野生動物極佳的棲息處，鳥相在此非常多樣。低海拔鳥類如：台灣藍鵲、灰喉山椒鳥、綠畫眉、紫嘯鶇、頭烏線等沿線普遍可見。清澈的溪流裡有豐饒的魚族及水生昆蟲，是溪澗鳥類的覓食樂園；冬天有來自鄰近中海拔垂直遷降避冬的山鳥及候鳥到訪，使得這處山鳥的天堂更加熱鬧。因此，從夏

【黑 鳶】

老鷹，不普遍的留鳥，曾經廣泛的分布全島，因棲地的開發，目前僅剩約200隻，以港口、河川、水庫較易發現。全身暗褐色，飛行時雙翼常呈∨字形，尾部成魚尾狀，特徵明顯。

Birdwatcher's Guide
TO THE
TAIPEI REGION

● 蒼翠的桶后溪谷。
● 筆筒樹的樹形像一隻撐開的傘架。

● 小橋上是觀賞溪鳥的地方。

【白耳畫眉】
鳴聲響亮，在闊葉林中是
非常活躍的一種大型畫眉
鳥。

季欣賞溪澗鳥類，到冬天觀察種類繁複的山鳥，烏來可說
已打造出一面閃亮的賞鳥金字招牌。

　　從烏來車站開始，在空曠的南勢溪與桶后溪交會口，
成群的小雨燕在低空狂野的盤旋，白鶺鴒也在溪床卵石間
跳躍。踏上通往步道的小橋，稍作停留，鉛色水鶇佔據地
盤得意的在橋下興奮鳴囀，潺潺的溪水聲經常掩蓋過牠細
碎的叫聲；翠鳥則經常挑釁的自上游如巡曳飛彈般的低空
飛至匯流處站立，瞬間又快速飛回上游。過橋後左轉，路
旁有一面「烏來賞鳥道」的標示牌，正迎接著賞鳥人的到
訪，由此便進入桶后溪賞鳥步道。近年來，由於沿岸局部
開發溫泉休閒設施，車輛增多了，因此，假日在這段不甚
寬廣的道路上行走，必須得特別注意安全。

　　步道入口不遠處的烏來中小學，是值得稍做觀察的地
點，冬天運氣好的話，抬頭仰望校區內的大樹，便能觀賞
到成群色彩鮮麗的灰喉山椒鳥與綠畫眉、綠啄花等小型的
鳥類。冬季時，山鳥經常混群活動覓食，往往在一個地
點，當出現先導的白耳畫眉吹起嘹亮的哨音「飛、飛、
飛、飛－－」後，大批的繡眼畫眉也跟著跌跌撞撞的出現

Birdwatcher's Guide TO THE
TAIPEI REGION

● 桶后溪賞鳥步道。
● 烏來中小學經常有山
　鳥群集通過。

● 台電隧道口旁即為烏來賞鳥道。

【小卷尾】
台灣特有亞種。全身為黑色泛有藍色金屬光澤，尾羽開岔明顯。擅模仿別種鳥叫，經常與紅山椒鳥群一同活動。

在樹林中層，同時發出有如鐵質瓶蓋拍擊的聲響「唧、唧、唧、唧——」，世居烏來的泰雅族人便以牠們的鳴唱做為行獵的準則，因此繡眼畫眉成為泰雅族的占卜鳥。綠畫眉混雜在繡眼畫眉群中，濃濁鼻音的喃語，幾乎被掩蓋；寶藍羽色的黑枕藍鶲，像幽靈似的突然飄浮在密林間；隨後穿著黑色金屬盔甲俗名「山烏秋」的小卷尾神氣的冷笑——「嘿、嘿、嘿、嘿——」，嘹亮、富變化的嗓子，在山鳥中名列前茅，牠尤其擅長模仿其他鳥類的鳴叫，即使是資深的鳥人也時常會被牠的伎倆給迷惑。小卷尾與灰喉山椒鳥幾乎是孟不離焦，在牠的前導之後，出現的便是小仙女般的灰喉山椒鳥隊伍。

再往前行二○○公尺，抵達迷你谷山莊，此地是鳥會舉辦夏令營的處所。在山莊的臨溪平台可尋找位於下方溪流中的鳥類，鉛色水鶇與河烏仍是較常出現活動的鳥。從山莊前方分岔小路上行是台電員工宿舍及通往電廠的隧道口，可由此轉進一條少有車輛經過的林間小徑，安靜的享受觀鳥樂趣，是烏來賞鳥的一處精華區。其實這一條路主要是通往烏來鄉第一公墓，平日幾乎無人經過，自然成為

Birdwatcher's Guide TO THE TAIPEI REGION

● 成熟的果實經常吸引
昆蟲的汲食。

● 廢棄的房舍旁林子內常有猛禽停留。

【鵂鶹】
台灣產貓頭鷹中體型最小的一種，分布在針、闊混林中，是白日也會鳴唱的貓頭鷹。背部有一對明顯的白斑，狀似假眼。

一處野鳥的私密花園，轉彎的宿舍區是群鳥必經之地，在此守候片刻，絕對不會空等。

喜歡獨處的紫嘯鶇總以尖銳的長哨「喞－－」，抗議賞鳥者的干擾；過一會兒，長尾而聒噪的樹鵲便一隻接一隻，緩慢而上下起伏飛到紫嘯鶇原先藏匿的密林上方，伏臥在廢棄宿舍旁枝椏上的金背鳩立即飛離這片林子。

在這片枝椏稀疏的山黃麻林裡，很容易找到台灣體型最小的貓頭鷹－－鵂鶹，夜行性的牠，日間休眠靜止不動的神態就像樹瘤一般，藉著與樹表相似的羽毛斑紋，在白晝相當有自信的棲坐枝椏，對於靠近身邊的觀賞者，往往置之不理。

除了夜行性的鵂鶹喜歡停棲在這片林子外，日行性猛禽的台灣松雀鷹、鳳頭蒼鷹及過冬的赤腹鷹也經常埋伏在這裡，或許是這平坦荒廢的宿舍廣場間有許多的囓齒目動物竄遊其間，因而特別受到猛禽的青睞吧！

走到烏來中小學校舍上方的彎道處，林相比較鬱蔽，生性害羞的鳥多半在此活動。循著「比、比」的聲音，很容易找到攀爬在樹幹上的小啄木；頭烏線、山紅頭、小彎

Birdwatcher's Guide TO THE
TAIPEI REGION

●狀似提琴把的筆筒
樹新芽。

● 烏來街上泰雅風味產品。

嘴畫眉則從矮叢陸續冒出身影。冬天,小徑的沿途最常見
到虎鶇、白腹鶇、赤腹鶇、紅尾伯勞、樹鷚等度冬的候
鳥;夏天,在開闊的墳地上,則有夏候鳥的筒鳥與番鵑互
相爭奪著地盤。

　　環繞小徑後,會接回沿溪產業道路,再往上游前進,
等待台灣藍鵲的出現,牠著名的「長尾山娘陣」是這一段
路最有看頭的景象。一路伴隨淙淙的水聲與迷濛的山色,
在山谷的迴彎點是比較容易觀賞到鳥群的位置。此外,時
而搜尋對岸突出的大樹也是觀察的要點,因為黃魚鴞便經
常在枝幹上佇立。牠是一種在山區溪流活動的大型貓頭
鷹,在台灣北部地區,尤其是南、北勢溪流域是很容易觀
察到的地點,多半以溪中的蝦、蟹、魚為食,盤古蟾蜍也
是牠捕食的獵物。還有一種猛禽是烏來賞鳥步道的目標鳥
種,就是對棲身環境嚴格挑剔的林鵰,在桶后溪沿岸還算
容易遇見,只要用望遠鏡掃描稜線,便有機會看到這種雙
翼寬大、指爪深刻的黑色大鷹,悠遊在群峰之間。

　　走到通往啦卡營地的岔口,可向下方行走,營地後方
是近距離觀察溪鳥的地點,幾乎所有台灣的溪流鳥類都會

【林 鵰】
稀有的留鳥,棲息於中低
海拔闊葉林,以原始森林
較常發現。全身黑褐色,
雙翼寬長,初級飛羽分岔
很明顯。

Birdwatcher's Guide TO THE
TAIPEI REGION

在此出現，而有經驗的賞鳥人會到這裡等待朱鸝的現身，為此行畫下美好的句點。

烏來豐富的鳥相幾乎含蓋了低海拔森林鳥類及溪澗鳥，更難得的是，像林鵰、朱鸝與黃魚鴞也經常可見，是大台北地區最佳的山鳥觀賞點。遺憾的是，近年來，一到暑期及冬日，戲水與泡湯的車潮便將整條上山道路塞得水洩不通，讓賞鳥者望而卻步，因此最理想的賞鳥時機，恐怕得在冬季請個特休假，專程上山才能盡興了！

關渡平原

水 鳥 濕 樂 園

當草澤霸王澤鵟揚起V字形雙翼梭巡時，觸動了看似寂靜的荒野。數以千計的鷸鳥自藺草間急速飛出，編隊轉換的動作，發出「唰――」的巨響；體型龐大的蒼鷺則毫無章法的在紅樹林上盤旋。相同的劇碼在冬季的關渡沼澤地日日上演著，冷冽的河岸，竟是一年間最熱鬧的時候。

擁有二百二十九種鳥類紀錄的關渡沼澤，被賞鳥人稱為「候鳥的驛站」，每年十月到隔年四月，遠自西伯利亞飛來的水鳥在此避冬，近年來設立的自然中心更提供完善的解說系統，是台北盆地裡一處最珍貴的濕地自然教室。

Birdwatcher's Guide

TO THE
TAIPEI REGION

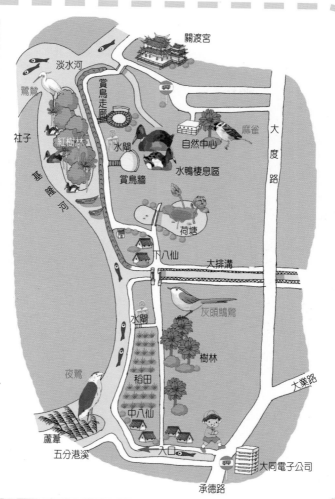

【關渡平原賞鳥路線導覽圖】

- 關渡宮
- 淡水河
- 鷺鷥
- 賞鳥走廊
- 社子
- 紅樹林
- 水閘
- 自然中心
- 麻雀
- 大度路
- 賞鳥牆
- 水鴨棲息區
- 荷塘
- 下八仙
- 大排溝
- 水閘
- 灰頭鷦鶯
- 樹林
- 夜鷺
- 稻田
- 中八仙
- 大業路
- 蘆葦
- 入口
- 五分港溪
- 大同電子公司
- 承德路

 【賞鳥路線】北公車217、218、266、302承德路七段大同電子站下，由對面四〇一巷進入，沿五分溝上河堤，全程二公里。至關渡宮可搭302公車，或乘捷運回台北。

 【代表鳥種】含蓋大部分冬候的水鳥及陸鳥，稀有的鳥種有：黑面琵鷺、白鸛、紫鷺等。

 【餐　飲】沿途無餐飲店，須自備飲用水。

163

● 自然中心。
● 簡易的河岸碼頭。

　　關渡平原和濕地就像台北的生態翡翠寶石，等待著人們探索。早期關渡平原呈現的農村景致，如今仍然保存著純樸的民風，多樣性的動植物生態，從承德路七段四〇一巷入口便呈現在眼前。關渡平原結實金黃的稻穗產量，曾被喻為「台北穀倉」；鳥類族群之多，被賞鳥人士稱為「候鳥的驛站」；而豐富的生態食物鏈，在此四季循環，交相演替，很適合週休二日來一趟親子賞鳥之旅。

　　從承德路七段四〇一巷進入，左邊的磺港溪，潺潺的流水訴說著當年舟帆從淡水海口將磺磚轉運廈門、汕頭的流金歲月；幾戶改建後的農家，仍然可從屋旁遺留的器物窺見點滴的農家作息，屋後青翠的稻田裡白鷺家族在那兒覓食。童謠中的「白翎鷥」是誰呢？原來是黑嘴黃趾的小白鷺，在夏季繁殖期間，後頸上兩根白色飾羽顯得格外亮眼，當它隨風飄曳時，就如身著一襲白衫、頭帶流蘇巾帽的古代文士。小白鷺覓食時，雙趾會在水中攪動，以長嘴啄取因驚嚇而浮出水面的魚兒。而喜吃昆蟲的黃頭鷺，則毫無畏懼的跟在農村莊稼漢後面，愉快的尋覓翻土中的軟體生物。

【牛背鷺】
又稱「黃頭鷺」。普遍的夏候鳥，不普遍的冬候鳥。嘴橙黃色繁殖羽，頭、頸、背中央飾羽橙黃色。經常成群跟在犁田的牛隻後方覓食。

Birdwatcher's Guide
TO THE
TAIPEI REGION

●關渡堤防內大片水
澤是吸引候鳥聚集
的主因。

【夜 鷺】
普遍的留鳥,出現在溼地
環境。成鳥全身大致呈灰
色,頭及背為黑藍色,亞
成鳥全身大致呈黃褐色,
有明顯的斑紋。經常縮頸
佇立在水邊。

　　行走約三百公尺遇到交叉路口,右手邊是通往中八仙
的柏油產業道,新建築完工的洲美快速高架道路就從半空
劃過。溪旁的堤岸小道,便是賞鳥人所謂「大同電子至關
渡宮」的關渡平原賞鳥路線了。

　　架高的堤岸小道視野極佳,可遠眺完整的七星、大屯
山系連綿的景色,以及林口台地與觀音山異樣的地質風
光。堤外與五分港溪交接的河灘沙洲盡是蘆葦與苦林盤,
草澤邊縮頸的夜鷺靜佇在灘線上,狀似企鵝,只在小舟
通過時才不甘願的拍翅移動身子。放慢腳步、靜靜賞鳥是
本路線最佳的選擇,除了常見的「厝鳥」麻雀外,來到農
家村落,菜園裡黃色粉蝶飛翔引來白頭翁窺視,幾隻褐頭
鷦鶯站在五節芒叢間鳴叫,而紅鳩卻優閒的蹲停在刺竹叢
上傾聽,好一幅優美自然的畫面。

　　堤防內稻田四季的鳥況變化極大,春天,翻耕的水田
除了可看到白鷺家族外,黑色羽體、飛翔時呈現白色翼斑
的八哥屬鳥類也不少,如家八哥、泰國八哥和白尾八哥
等,牠們集體和白鷺在陌田交錯的環境中,移動變化雙方
的位置,就像天然的圍棋賽,讓人看了不禁莞爾。群棲的

Birdwatcher's Guide
TO THE
TAIPEI REGION

● 自導式賞鳥解說牌。

● 沿著基隆河的堤岸是
　行人專用的步道。

● 關渡沼澤。

【翠 鳥】
出現於溪流池塘水域，常
佇立在水邊的突出枝頭
上，伺機獵捕水中的小
魚。藍背橙腹，羽色非常
鮮豔。

八哥給人一種枯樹寒鴉的遐想意境，實際上，牠們停棲的
位置十足呈現著強烈的地位意識，低階的鳥如輕率站錯位
置，會被視為挑釁行為而招致領袖的攻擊，在堤岸的石階
上，便經常見到八哥爭奪位置的吵嚷鏡頭。

夏天，烏秋像盡職的田園守護者，只要見到農夫以外
的生物闖入，便毫不留情的叫陣驅趕。秋季，當鶇鴝與伯
勞大剌剌的進駐後，烏秋的行為就收斂了許多。冬天休作
的耕地，淺水田中散布著濱鷸與小環頸鴴，翻耕過後的土
堆，蹲伏著與環境色彩相近的金斑鴴，田埂上則經常藏匿
著長嘴的田鷸。隨著季節的移轉，在這處稻田能觀賞到的
野鳥也大異其趣。

來到磺港溪口連接基隆河處，視覺更為廣闊，河口的
翠鳥孤獨的站在岩石上，不知是沈思或是等候魚蝦的到
來。翠鳥的雌雄一向是人們津津樂道的辨鳥程式，一般嘴
喙全黑的是雄鳥，上喙黑下喙紅的是雌鳥。翠鳥以奉獻食
物的求偶方式來獲取對方的垂愛，求偶期雄鳥會先瞭解雌
鳥的食物愛好，然後千方百計的去找來向對方示愛，而這
時雌鳥則以欲迎還拒的身段，半推半就的接受雄鳥的愛

● 賞鳥廣場入口的造形指示牌。

● 透過賞鳥牆的觀景孔可安靜的欣賞水鳥。

【小鸊鷉】
普遍的留鳥，經常出現在湖泊、水塘。全身大致呈淡褐色。

意。對這麼一種相傳女媧補天時從手中滑落的七彩寶石幻變而成的神話鳥兒，人們永遠無法忘記牠們如此有趣的求偶行為……。

走至貴子坑大排水溝，繞過石橋仍然順沿堤岸前進，圍繞著叢叢刺竹間的村落是下八仙，農村居民信仰中心的福德宮，是村民閒暇時期聚集交誼的場所。廣場是北投至八仙小型公車的終點處，新闢的公車路線讓封閉的農村居民出入更方便，賞鳥人也因此坐收漁利，能夠更快速的抵達關渡自然公園範圍內東南側的賞鳥牆，關渡平原賞鳥精華點便在此開啟了視野。

設置在沼澤上幾處密林內的賞鳥牆，在候鳥蒞臨的季節往往千頭鑽動，透過不同視角的觀景孔，可近距離窺探沼澤中水鳥的動靜。這裡可說是關渡最精華的賞鳥點，走進林區棧道，黑臉鵐在腳邊竄出，不同的度冬陸鳥經常躲藏在林緣之間，曾經在這牆後出現的稀罕鳥種包括：白鸛、地啄木、銹鵐、黑頭翡翠、長耳鴞、灰背隼、戴勝等，也一直被人談論著。戴勝是一種擁有鮮明黃、白、黑三色斑紋的漂亮鳥類，是金門常見的鳥，當地居民以「棺

材鳥」稱呼，主要是因為牠經常在墳地覓食及活動，而牠在關渡出現所獲得的喝采也許是金門人無法理解的。繼白鸛在關渡築巢後，近年來，高蹺鴴也開始留在這裡繁殖育雛，這現象是否表示鳥兒肯定了我們努力保育的成效！？

● 下八仙的水田有些已改種荷花。

● 關渡自然公園的西南側賞鳥廣場。

　　另一賞鳥迴廊設在西南澤地的大水塘旁，水池中可以看到許多高度不同的木樁，這是為水鳥棲立而特別架設的。在關渡欣賞水鳥如果能留意潮汐的變化，配合鳥類的作息，會更容易觀察。退潮時，堤外潮間帶的生物如招潮蟹會出現在泥灘活動，水鳥也會趁機覓食；漲潮時，生物的活動暫時歇息，大部分的水鳥會飛進堤內的稻田或水塘中休息。這片水域在漲潮時極有看頭，堤外的雁鴨成群飛到這裡休息，澤鳧、小鷿鷈 各自在水波間沉浮游著，有時

● 關渡宮方向的出口尚可見早期的小舟。

還會做潛水覓食的競賽。鸊鷉科、鷺科鳥類選擇水中浮島停歇，紅冠水雞、白腹秧雞和緋秧雞則害羞的在蘆葦間縮頭縮腦的窺視池中景象。這個池塘生態是多數鳥兒的依靠，即使稀有的白額雁家族也曾在此短暫的停留。在關渡賞鳥的優點是隨時都能遇到一些資深的鳥友，通常只要跟隨他們，便能輕而易舉的觀賞到這些罕見的鳥種。

回到堤岸上，大片的河灘上孕育著國寶級紅樹林－－水筆仔，大葦鶯在林子內發出像擊石般「喀喀」的特有叫聲，眼睛長在頭頂，活潑蹦跳的彈塗魚和逍遙橫行的招潮蟹也擠入觀察的行列中。澤鵟在空中的巡曳，經常引起一陣騷動，水鳥群在剎那間一同飛起，畫面十分壯觀。沿著河堤輕鬆行走，終點便是人聲鼎沸的關渡宮，過橋右轉，可前往關渡自然公園的「自然中心」複習此段行程的資訊。

關渡平原濕地的候鳥自秋季便開始抵達，鸊鷉科鳥類在這兒總是以千百計；特殊造形的高蹺鴴對這塊區域愛戀不已，竟然樂不思蜀而留下來繁育後代，如此生態讓人嘖嘖稱奇。關渡平原是台北穀倉，也是候鳥的驛站，從台北

【高蹺鴴】

不普遍的冬候鳥與過境鳥，夏季也有少數的繁殖族群。背黑色，頸、腹部為白色，嘴細長，腳甚長、紅色。經常小群出現在淺水田覓食棲息。

市政府在此設立國內首座自然公園即可看出它的獨特性。如果四季詳細觀察，台灣五百多種的鳥類，在關渡平原中。即可能看到幾近二百三十種，這種斐然的紀錄是賞鳥旅行中最大的享受。

【青足鷸】
普遍的冬候鳥，屬於較大型的涉禽。常成小群出現在溼地環境，警覺性高，不容易接近。冬羽背部灰褐色，腹部白色。嘴長，略往上翹，腳長，灰綠色。叫聲圓潤「丟、丟、丟」，在牠飛行時常可聽見。

忠義小徑步道

候 鳥 的 小 棧

當灰頭鷦鶯興奮的跳上連蕉吟唱出第一陣的報春歌曲時，

換好新裝的黑喉鴝便悄然的離開，

返回北方繁殖地；

整個冬季，灰褐色的黑喉鴝在這偌大的平原上，

一如其他的旅鳥，

並未引起太多賞鳥人的注意。

與僅一路之隔、遊人甚多的關渡濕地相較，

很少人留意到這塊台北盆地裡面積最大的農地，

在休耕的冬季，

也是一處提供候鳥度冬的小棧。

Birdwatcher's Guide
TO THE
TAIPEI REGION

【忠義小徑步道賞鳥路線導覽圖】

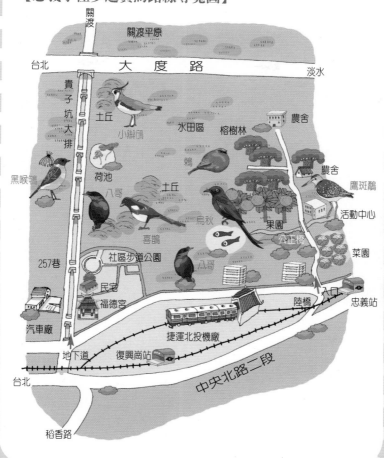

關渡

關渡平原

台北　　　大　度　路　　　淡水

貴子坑大排

土丘

小辮鴴

水田區　榕樹林　農舍

黑喉鴝

荷池

鶇

八哥

土丘

烏秋

喜鵲

農舍

鷹斑鷸

活動中心

果園

公廁橋

菜園

257巷

社區步道公園

八哥

民宅

福德宮

入口

陸橋

忠義站

汽車廠

地下道　復興崗站

捷運北投機廠

台北

稻香路

中央北路二段

【賞鳥路線】北淡捷運線或公車287、278在復興崗站或忠義站下車，穿越軌道即是。道路平坦，惟缺乏遮陽處所，較適合冬季賞鳥。

【代表鳥種】台灣喜鵲、八哥，冬季候鳥種類多，可媲美關渡。

【餐　飲】沿途無餐飲店，須自備飲用水及防曬用品。

冬【忠義小徑步道】候鳥的小棧

175

● 在水田休耕期間水鳥便大批進駐。

　　與關渡濕地相隔著大度路的忠義小徑－－貴子坑大排，是一條新發掘的賞鳥路線，對很多人而言非常陌生，要不是自然觀察作家劉克襄說：「那是一個賞鳥的新天堂！」恐怕這條賞鳥小徑會一直被疏忽。廣義的看台北市地形，它仍應屬於關渡平原，而且是台北盆地裡面積最大的一片稻作地。在冬季稻田休耕期，翻耕的土堆間盡是度冬的水鳥，在平原間凸起的土丘及少數的幾排防風林中，落單的陸鳥整個冬天都孤獨的活動著。當賞鳥人潮蜂擁擠在狹窄的關渡堤道時，視野開闊的忠義小徑，其實是一處更能親近候鳥的地方。

　　在這裡賞鳥可分割成二段式，但如果時間允許，這條線的串連足夠讓人觀察一整天呢！到忠義小徑的交通很方便，在淡水捷運線的復興崗站或忠義站下車都可以。夏季天氣炎熱，開闊的環境，鮮少有遮蔭的地點，最好只進行一半路程即可，但秋冬候鳥遷移的盛況，就得全程遊賞才能過癮。因此，我們就以切割方式來介紹忠義小徑－－貴子坑大排的賞鳥活動。

　　一般前往忠義小徑都是搭捷運到忠義站下車，另外，

【緋秧雞】
台灣特有亞種，出現在平地、低海拔的沼澤、池塘、水田。全身以紅褐色為主，尾下覆羽灰黑色有白色細紋，腳紅色。警戒性高，不易見。

Birdwatcher's Guide
TO THE
TAIPEI REGION

● 貴子坑大排溝。

● 水蕹菜也是主要的種植物。

普遍的留鳥,常成群出現
於平地到低海拔山區草叢
地帶。行動間相當喧譁,
常發出「啾--啾」的輕細
叫聲。背部暗褐色,腹部
淡褐色,有細密的褐色鱗
狀斑紋。

大南公車三〇二、二二三也可到。出站後,從右邊路旁走
約五十公尺,有一陸橋橫跨過捷運軌道,過陸橋後右前方的
鄉間小道便是所謂「忠義小徑」。在這裡百分之百可看到烏
黑羽色的大卷尾在菜園、農田間飛翔活動,甚至路旁電線
桿或線路上的築巢都會讓你驚訝。大卷尾可是這裡的地霸
呢!菜園裡的褐頭鷦鶯、斑文鳥還得受牠的庇護;斑文鳥
數量滿多,主要是有些宗教團體在此放生的因素,這種會
替人咬卦算命的斑文鳥,命運竟然被人們支配著,實在是
一件值得玩味的事情!

順著小徑漫步賞鳥,寧靜的農村使人遠離都市的煩悶
喧嚷,而當吵雜的八哥群出現在眼前時,反而給人難得的
自然音籟。素食鳥類的紅鳩群族,高掛在忠義小徑的果園
樹叢上,密密麻麻好像成熟的果實,吸引初次賞鳥者的目
光,牠的光彩不知不覺已取代了麻雀的地位了。這裡稻作
的耕種仍然保持傳統的方式,每到收成之際,成千上百的
麻雀簡直如入無人之境,呼朋引伴,大大享受農人辛勤種
植的稻禾,而且不會遭到嚴重的驅趕及捕殺。

從公正橋前左轉,沿著小溝渠來到已廢棄的小池塘,

Birdwatcher's Guide
TO THE
TAIPEI REGION

● 忠義小徑是僻靜的農村。

● 這片水田是台北市內最大的稻作地。

179

【白冠雞】
不普遍的冬候鳥。全身呈暗黑色，嘴及前額白色。通常小群出現在平地的水塘，浮游在水面，善潛水。飛行時會在水面上助跑一段距離後，才能起飛。

雖然被破舊的竹籬隔著，從長滿雞屎籐植物的圍籬望去，這裡是翠鳥和黃鸝鶲獨享的天地，牠們各自尋找最佳地點等候獵物的到來。繁殖期看到雄翠鳥咬著一條雌鳥最喜歡的魚兒，佇立在枝頭上大獻殷勤的求偶過程，真會讓人汗顏自嘆不如呢！在私人經營的釣魚場裡，竟然看到綠頭鴨、白冠雞一起浮游在魚池中，是自然或人工飼養的？可以好好觀察一番。

返回公正橋，再繼續往小徑前進。冬天，收割後空曠的田地是水鳥的棲息處，最常見的有成群的灰色羽翼的黑腹濱鷸、穉鷸、鷹斑鷸、小青足鷸、小環頸鴴及鷺鷥坦蕩蕩的站在淺水田間，較為乾涸的土田上蹲伏著羽色斑花的金斑鴴群，而長嘴的田鷸則成排的站立在田埂上。此外，稀有的緋秧雞與黑鸛也曾在這裡露臉。在這塊遊人甚少而視野遼闊的濕原，更能近距離的親近水鳥，白羽點點的鷺鷥家族們，各自成群佔領地盤覓食，而由新竹野生動物園逃逸的埃及聖環也在這裡自劃天地。埃及聖環是埃及人敬畏的國鳥，屍體常被剝製成木乃伊陪葬於貴族墓廓內，對這種外來鳥種竟能在台灣的野外繁衍，許多學者們都好奇

● 菜圃旁的水塘常有翠鳥活動。

【鷹斑鷸】
普遍的冬候鳥，是過境期
的先驅部隊，常單獨出現
在溼地環境。背部黑色，
有白色斑，腳黃色。

【金斑鴴】
普遍的冬候鳥，常成大群
出現在溼地環境。體型圓
滾，全身大致呈黃褐色，
背部有明顯的黑色花斑，
經常藉此羽色，藏身在收
割後的稻田中。

【黃尾鴝雌鳥】
不普遍的冬候鳥與過境鳥，雌鳥全身大致呈黃褐色。

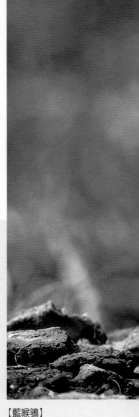

【藍喉鴝】
稀有的過境鳥，出現在平地及水域附近的草叢環境。背部以淡褐色為主，尾羽外側基部紅褐色，雄鳥喉部有紅、藍、黑、白、紅五條橫帶，雌鳥則為淡黑色縱班。

的研究著……。

　　前行約二百公尺，在坐落於田野間的農舍屋頂上，喜鵲的報喜聲告訴了人們將要進入賞鳥佳境了。路前橫亙著一條穿梭榕樹的防風林下小徑，也是冬天遷徙性陸鳥最佳的隱蔽所，整個季節，白腹鶇像「綠林好漢」般的遊蕩在上層枝椏間，樹鷚與極北柳鶯也像小嘍囉般跟隨在後頭細聲的輕喝；底層灌叢間躲藏著黑臉鵐，經常會在鳥友步伐前後躍出小徑，隨即又遁入不遠處的矮叢間；有時鶇亞科的黃尾鴝及藍尾鴝也會在此活動，加上四季停棲的留鳥，這片防風林無疑是這條路線的精華點。穿過林間，柳暗花明又一村，竟然是關渡濕原的另一處美景，印證了賞鳥新天堂。

　　忠義小徑賞鳥路線在這裡可暫時劃下句點，返程小溝旁的福德廟是休息的地方。常言：「休息是為走更遠的路」，結束忠義小徑賞鳥後繞回捷運旁的產業道，可從這兒走往貴子坑大排溝，如果要保留一些體力，也可返回忠義站搭一段車。

　　貴子坑大排溝源自稻香路貴子坑水土保持教室上方的

Birdwatcher's Guide
TO THE
TAIPEI REGION

● 榕樹小徑是度冬陸鳥棲身的處所。

● 水芋。

山區，整條排溝筆直的穿過關渡濕原後，出水處連結了基隆河，是關渡濕原一條重要的水源溝渠，聰明的賞鳥人都會多走這段行程，因為在貴子坑大排所觀賞的鳥況絕對不會讓人失望。排溝兩旁以稻田面積佔最多，有部分為水耕空心菜田及水芋、荷塘，旱作地的面積並不多。在幾塊隆起的大土丘間，聚集著四十幾隻喜鵲，是北部少見的大族群，有幸遇上，就不虛此行了！

從高架的溝堤道路上搜尋兩側平坦的田地，秋冬時，候鳥與過境鳥經常會給人意外的驚喜。看似雜亂的菜圃，往往是紅尾伯勞最先佔據的地盤，領域性極高的牠，對進入地盤的鳥一概驅逐，頗有強龍壓地頭蛇之勢。野鴝遊走在其他的菜園間，牠的另一親屬，較為罕見的藍喉鴝、黑

【磯 鷸】
普遍的冬候鳥，出現在低海拔河口到溪流河川上游，多單獨活動。除腹部白色外，全身大致為灰褐色，頭部有明顯的白色內凹狀，是識別的特徵。

喉鷁只要風聞現身，便會讓許多愛好攝影的同好們殺掉不少底片去拍攝牠們的身影。灰胸秧雞在澤沼地大吃美國螯蝦的生態，也讓貴子坑大排車水馬龍，擠滿了一群賞鳥人。

休耕的水田一樣聚集著各種水鳥，數量較多且普遍的有：黑腹濱鷸、小環頸鴴、鐵嘴鴴、穉鷸、鷹斑鷸、小青足鷸。高蹺鴴是眾多水鳥裡耀眼的明星，經常成群出現在淺水灘中，一雙修長紅腳彷彿踩踏著高蹺行走於水面，加上黑白對比鮮明的鳥影倒映在水波上，顯現灰濛冬色中少有的亮麗景致。小辮鴴是另一種引人注目的水鳥，常十幾隻散布在旱田上，生性機警，不易靠近，在停棲地上常見牠們小幅度的移動位置，與接近者隨時保持著安全距離。小辮鴴在台灣出現的鴴鷸鳥類中，色彩最豔麗，銅綠色的背部摻雜些許靛紫色彩羽，在陽光下泛出斑斕的金屬光澤；紅色的雙腳支撐著純白的腹部，最別致的是濃眉八字鬍的臉龐，加上頭頂朝天辮的冠羽，整副行頭就像平劇舞台上氣宇軒昂的大將軍。大排溝兩旁的菜圃、果園，是這裡找尋遷徙性陸鳥的途徑，曾在此被記錄的稀罕鳥種多半

【鐵嘴鴴】
普遍的冬候鳥，常成小群出現在溼地環境。腳黃色，冬羽時，全身羽色和小環頸鴴相似，但腳及嘴較長。

Birdwatcher's Guide
TO THE
TAIPEI REGION

隱身其中，如果不被眼尖的賞鳥人發現，大概可以平靜安逸的在此度過整個冬季。

走到貴子坑大排與大度路交會處，可調頭回返復興崗站搭車，或穿過地道前往關渡平原堤防，繼續賞鳥行程，然後自關渡宮或承德路上的大同電子站搭車。

● 在大排溝高堤下的小徑賞鳥，經常有意外的收穫。

賞鳥新天堂－－忠義小徑貴子坑大排，是很適合在冬日造訪的一條輕鬆賞鳥路徑，它的自然之美和鳥類的呈現，正等待人們親自去體驗和欣賞，當你感覺煩悶時，不妨準備簡單的行囊，搭上快速的捷運前往一遊，相信一定會給你不同的戶外觀察經歷！你準備好了嗎？

翡翠四崁水

山鳥新聖地

四崁水是繼鳥來之後,在台北地區觀賞森林鳥類最佳的去處。
早期師大生物系的師生在此發現新的特有種蛙類——翡翠樹蛙,
也因此使四崁水豐富的鳥類資源漸漸受鳥友的青睞。
接臨著翡翠水庫的四崁水,
因爲水源保護區的管制,
使這地區的自然生態呈半封閉的狀態。
四季野鳥活動頻繁,
台灣珍稀的鳥種如林鵰、朱鸝等,
穩定的在此出現,
冬季時,除中海拔鳥類下降於此外,
更是度冬陸鳥的庇護所。

Birdwatcher's Guide
TO THE
TAIPEI REGION

【翡翠四崁水賞鳥路線導覽圖】

四崁水

朱鸝

華林林場

林鵰

油桐林

翡翠樹蛙

大粗坑山

台灣藍鵲

翡翠水庫

桂山電廠

赤腹山雀

大壩

龜山

直潭山

員工宿舍

新店溪

入口

翠鳥

台電職訓所

往烏來

翡翠水庫一號橋

萬年橋

南勢溪

新店客運翡翠水庫站

台
9
甲
線

台北、新店

【賞鳥路線】自新店捷運站轉搭新店客運到新烏路的翡翠水庫站下接桂山路。來回約十公里。

【代表鳥種】含蓋大部分溪流鳥類，包括：紫嘯鶇、翠鳥，稀有的鳥種有：林鵰、朱鸝、赤腹山雀，以及魚鷹、黑鳶、大冠鷲等猛禽。

【餐　飲】沿路除入口小吃及桂山發電廠福利社的冰品外無餐飲店，須自備飲用水。

● 步道口的南勢溪河床是觀察溪鳥的景點。

　　早期台北地區最適宜觀賞山鳥的地點，無疑是位於南勢溪沿岸的烏來桶后溪及更深入的內洞森林遊樂區，但自從烏來推廣溫泉文化後，秋冬泡湯的雅士如潮水般的湧入，而豔夏戲水的民眾更多如過江之鯽，曾幾何時，烏來不再是一處幽靜的賞鳥點了。為避開人潮的干擾，精明的鳥友發掘出南勢溪與新店溪交會的四崁水地區，這條位於翡翠水庫旁的賞鳥路線便在窮則變、變則通的思維下取代了烏來，成為台北地區最佳的觀賞山鳥地點。

　　四崁水位在翡翠水庫旁的一處村落，處於水源保護區內。進入四崁水的萬年橋跨越南勢溪，與同跨南勢溪與新店溪的翡翠水庫一號橋平行相對，萬年橋頭沒有設管制檢查哨，民眾可以經由此橋進入四崁水賞鳥。因受到水源保護區的開發限制，這裡的自然生態幸運的能以較和緩的速度自然演替著，區內的生物資源多樣而豐富，往昔在烏來能觀察到的鳥種，在四崁水亦不欠缺，甚至有過之而無不及，難怪鳥友們會把四崁水當成一處新興的賞鳥朝聖地。

　　前往四崁水的交通和烏來相同，只要搭新店客運到新烏路的翡翠水庫站下即可。下車後往前步行約六十公尺遇

【河 鳥】
出現於山區開闊與清澈的平瀨溪流段。全身暗褐色，常貼著水面飛行，並發出「唧、唧」的叫聲，善於潛入水中捕食及行走。

● 翡翠水庫大壩前的河谷。

岔路，左邊有幾處店家、一間老教堂，右邊則是台電員工訓練所，走入左邊斜坡便下到通往四崁水的萬年橋頭了。

萬年橋上是本路線第一處的觀察精華點，幾種溪澗的鳥很容易在這裡一次看個夠，值得在此佇足久留。橋下南勢溪清澈的水流與河床間不時可聽到翠鳥尖銳的鳴叫「啾……」，擁有華麗寶藍羽色的翠鳥經常以貼近水面的姿態直線快速劃過河道，有「釣魚翁」稱號的牠習慣選擇淺水處旁的突出枝椏駐守，如果你能耐心點便可見識到牠那在瞬間彈射入水捕魚的精湛技巧。另一種溪澗的鳥－－河鳥，暗褐的羽色正好與翠鳥相反，顯然很難令人注意，但牠游入水中行走的覓食方法卻是溪鳥中的一項獨門功夫。

溪畔岩石上靛藍羽色的紫嘯鶇彷彿是這座橋的駐警般

【大白鷺】
普遍的冬候鳥。全身大致為白色，腳灰黑
色，冬羽，嘴黃色；夏羽，嘴黃色。

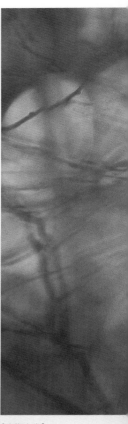

【赤腹山雀】
台灣特有亞種，並不普
遍，活動於中、低海拔闊
葉林上層。常與其他山雀
混群，栗紅色的腹部特
徵，很容易和其他山雀區
別。

隨時巡守在這河域，有時發出響亮的哨音「唧……」，似乎
是提醒他人不要違規哦！鷺科是這裡絕少缺席的常客，溪
流淺灘處，小白鷺、黃頭鷺與夜鷺常常三五隻各據一方的
找尋魚兒覓食，冬季時大白鷺及體型碩大的蒼鷺也來到這
河段度冬，此刻大概也是一年中鳥況最精釆的時候。只要
留意觀察靠岸邊的水域極可能找到孤單的綠簑鷺，牠的外
形與夜鷺肖似，初學賞鳥者經常會將這兩種鳥弄混了。其
實綠簑鷺的羽色比夜鷺鮮明，通常牠們喜歡在清澈的山溪
間活動，極少像夜鷺那般隨遇而安的在污濁的河川出現，
因此才會被稱為「清流的鷺士客」。

　　在這條長約一百公尺的橋面上，除了低頭觀賞溪鳥
外，開闊的視野也是搜索山頭稜線上猛禽的極佳位置，別
忘了偶爾仰頭尋找大冠鷲、黑鳶、鳳頭蒼鷹，秋冬有霧的
清晨或雨後的雲霧飄渺，猛禽便悄然的現身青翠山巒間。

　　過橋後直行便是桂山發電廠入口，而右轉的產業道路
才是賞鳥道。路口臨岸的矮樹林是另一處的賞鳥點，小彎
嘴畫眉與五色鳥似乎是這條賞鳥路線中出現最為頻繁的鳥
種，從此處開始便一路相伴。成群的繡眼畫眉隨著急促響

Birdwatcher's Guide
TO THE
TAIPEI REGION

板的叫聲而來，當你把牠們看夠之際，綠畫眉，甚至山雀科的赤腹山雀也輪番秀給大家欣賞。赤腹山雀在台灣有十分明顯的區域分布現象，這裡則是北部難得的觀賞點。

秋冬季四崁水的鳥況特別好，因為中海拔山區的鳥會垂直遷徙到低海拔森林度冬覓食，除了赤腹山雀外，冠羽畫眉這種畫眉科裡最討人喜歡的鳥兒，兩側臉頰的一道褐色羽紋，就如同原住民黥面般引人注目，成群跌撞的在樹間移動，唱和著「吐米酒、吐米酒」的叫聲，不禁讓人懷疑牠們是否喝醉酒了。發出機槍掃射「噠噠噠噠」聲的白耳畫眉，在蕭瑟的冬日足以讓人冰冷的身軀頓時熱騰起來！

平日安靜的桂山發電廠員工宿舍區，福利社自製的冰

● 桂山電廠宿舍裡賣的冰棒已名聞遐邇。

【灰喉山椒鳥雌鳥】

【灰喉山椒鳥雄鳥】
是山中色彩鮮艷的一種鳥，
雄鳥以紅色為主，雌鳥則為
黃色，常數十隻一起活動，
是闊葉林最美麗的一隻隊
伍。

品是識途老馬的人才會來此享受，假日這兒總是車水馬龍，搶購冰品的聲音常會擾亂在這兩排日式建築宿舍屋簷縫間育雛的紫嘯鶇，牠們也只能無奈的在長滿青苔的瓦礫上抗議鳴叫了。高壓電塔上的烏鴉戲弄著停棲的大冠鷲，逼迫牠離開，此刻的大卷尾再也沒有對象可以驅趕攻擊了，只得三五成群的在電線上合音鳴叫。

離開廠區，沿著緩緩上升的四崁水產業道路賞鳥絕對要放慢步伐，因為在蜿蜒的林道上隨時可能有突現的鳥兒；如果可趕在清晨第一批行經此處，則較容易遇見在林道享用早餐的翠翼鳩，有時黑冠麻鷺也靜佇在路中央，然而多半只能聽到牠洪亮的喇叭聲。

冬日這條林道處處充滿著驚喜，中海拔的鳥下降及候鳥的蒞臨，使這裡成為一年之中最有看頭的時機。體型像白頭翁的灰山椒鳥是每年固定的旅客，卻容易被大意的當成白頭翁；鶇科的虎鶇仗著與地貌相近的黑褐花斑，漫步在林道上；赤腹鶇與白腹鶇則小心翼翼的穿梭在樹林下層；看到小卷尾出現，心裡可要有準備，因為一會兒成群的灰喉山椒鳥會像仙女般的輕盈飛舞而來。灰喉山椒鳥雌

Birdwatcher's Guide TO THE
TAIPEI REGION

雄羽色差異極大，雄鳥橙紅、雌鳥洛黃的羽色讓牠們贏得「花戲子」的俗稱，冬天在此地常可見四、五十隻的灰喉山椒鳥停棲在一株落葉的枝椏間，此種多而美的盛況讓人以為大自然布置了一棵應景的美麗聖誕樹。當然此地的樹鵲也是成群的，不過牠們聒噪的粗啞聲就無法獲得喝采！

前進兩公里來到第一處農家旁，遠處的油桐樹總會站著幾隻台灣藍鵲，長長的尾羽真是美極了，牠們的魅力會讓鳥友看了不想離開此地呢！農家旁的產業道路上是眺望翡翠水庫最好的地點，天氣晴朗時，欣賞大冠鷲家族出遊翱翔絕對是可向同好拍胸保證的。有時天空還會出現黑色的龐然大鳥，不要懷疑，你看到的是隻林鵰，牠可是台灣稀有的留棲性猛禽呢！也是留棲性猛禽中翼展最長的一

● 步道沿途有許多吸引蝴蝶的蜜源植物。

● 四崁水旁側的大粗坑山頭是猛禽經常出沒的地點。

種，漆黑寬長的翅膀，飛羽的兩端明顯的分叉，仗著如此的雙翼結構，在陰霾的天候裡依然能悠哉飄浮於山巔。而在四崁水看到林鵰的機緣相當多，同時也是此地最熱門的大物呢！

行至四公里處油桐成林的大彎道轉過後，便到了華林林場，這裡另一種使人驚豔的鳥，便是擁有紅黑雙色華麗羽翼的朱鸝。這種被十九世紀中葉第一位來台灣採集的博物學家譽為是見過一次便終身難忘的夢幻之鳥，四崁水正是一睹牠風采的地方。華林林場原是中國文化大學的龜山分部校址預定地，由於是在水源保護區內，因此設校計畫轉變成為森林系實驗林場。華林林場的低海拔林相相當完整，場內生物多樣，尤其台灣特有的青蛙──翡翠樹蛙就在那裡繁殖，而特有植物──烏來杜鵑也不少。當然鳥相更是豐富，僅華林實驗林場內一年就約有八十五種鳥類可記錄。以這九十二公頃面積的林區能有如此豐富的鳥種是令人滿足的，資深的鳥友便把林場視為四崁水路線賞鳥的精華點。除了「紅水黑大方」的朱鸝，鳥友對華林林場的台灣藍鵲更是嚮往，究竟何故？原來牠們總是成群結隊出

【朱 鸝】
台灣特有亞種，在台灣僅分布在少數幾處闊葉林地帶。是一種羽色鮮紅亮麗的鳥，叫聲獨特多變，經常聽到的有「嗚--」的低鳴聲，與高亢的「嘎啦嘎啦…」聲。

Birdwatcher's Guide
TO THE
TAIPEI REGION

● 粗皮栓。

● 華林林場。

● 四崁水村落主要栽植水果和茶。

現，這種陣容就是烏來賞鳥較為少見的經歷。

　　來到四周開墾多年的山坡果園，四崁水村落是賞鳥路線終點，可休憩片刻再轉回原途下山。這兒好客的居民除了開放果園讓人品嘗外，還會準備椅子待客賞鳥，在此會發現遠離都會區的村民心情是快樂的，他們每天面對青山綠水的環境，過的是閒雲野鶴的優哉生活，那種日出而作、日入而息耕種果樹作物的日子，真是讓人羨慕。來此賞鳥會有重返五〇年代的鄉居野趣的感覺及記憶，坐在民家屋前廣場，眺望來時路的萬年橋、桂山電廠……盡在眼前。而果園的鳥兒也相當多，當一隻爪捉鮮魚的魚鷹（鶚）從眼前飛過，不要納悶怎會呢？現在不是魚鷹的出現季啊！各位，四崁水的魚鷹可是特殊個體，牠們已經在此定居了，而牠的安全棲所就在翡翠水庫保護區裡。顧名思義，魚鷹是一種完全吃魚的猛禽，牠捕魚的技巧可是一流的，在清澈的水域湖泊上，光只看牠緩慢優雅的滑行姿態就足以吸引人的目光，而剎那間，當牠快速的俯衝進入水中，以彎勾的利爪捉起魚兒時的得意和自滿，是人們無法體會的，幸運的話還能見到牠雙趾各握一條肥魚的畫面，

【魚 鷹】
不普遍的冬候鳥與過境鳥，也可能有少數在台灣繁殖的個體。經常出現於寬廣的水域如水庫、河川、海邊，會俯衝入水中捕食魚類。

Birdwatcher's Guide
TO THE
TAIPEI REGION

這種高超技巧更令人讚歎。

　　四崁水的賞鳥環境和鳥況，早就讓同好產生共識，逐漸取代烏來的賞鳥路線了。「關關雎鳩，在河之洲，窈窕淑女，君子好逑」。當低吟這首詩詞時，四崁水的賞鳥點介紹就此打住……，當然還得告訴各位，詩經裡所提的「雎鳩」，原來就是魚鷹！

● 步道折返點有一座石頭廟。

Birdwatcher's Guide
TO THE
TAIPEI REGION

【黑臉鵐】p029

【黃尾鴝】p039

【斑頸鳩】p049

【黑腹濱鷸】p031

【筒 鳥】p041

【紅嘴黑鵯】p051

【喜 鵲】p033

【綠 鳩】p043

【紫嘯鶇】p053

【樹 鵲】p037

【綠繡眼】p047

【台灣藍鵲】p057

【鉛色水鶇雄鳥】p059

【白腹鶇】p068

【黑冠麻鷺】p077

【鉛色水鶇雌鳥】p059

【紅　鳩】p069

【黑枕藍鶲】p079

【尖尾文鳥】p061

【虎　鶇】p071

【白腹秧雞】p080

【麻　雀】p067

【小白鷺】p073

【紅尾伯勞】p081

Birdwatcher's Guide
TO THE
TAIPEI REGION

【小鸊鷉】p083

【番 鵑】p093

【金背鳩】p103

【白頭翁】p087

【家 燕】p097

【褐頭鷦鶯】p104

【小彎嘴畫眉】p089

【家八哥】p099

【花嘴鴨】p109

【黃鶺鴒】p091

【灰頭鷦鶯】p101

【小水鴨】p111

【琵嘴鴨】p113

【野 鴝】p117

【赤腹鷹】p125

【尖尾鴨】p113

【繡眼畫眉】p121

【灰面鵟鷹】p127

【綠頭鴨】p115

【五色鳥】p123

【洋 燕】p131

【紅嘴鷗】p117

【赤腹鷹亞成鳥】p124

【大彎嘴畫眉】p133

Birdwatcher's Guide
TO THE
TAIPEI REGION

【小雲雀】p135

【白耳畫眉】p145

【小卷尾】p157

【大冠鷲】p137

【白鶺鴒】p147

【鵂鶹】p159

【黑臉鵐】p139

【黑鳶】p153

【林鵰】p161

【蒼鷺】p143

【白耳畫眉】p155

【牛背鷺】p165

【夜　鷺】p167

【青足鷸】p173

【鷹斑鷸】p181

【翠　鳥】p169

【緋秧雞】p177

【金斑鴴】p181

【小鸊鷉】p171

【斑文鳥】p179

【黃尾鴝雌鳥】p182

【高蹺鴴】p173

【白冠雞】p180

【藍喉鴝】p183

Birdwatcher's Guide
TO THE
TAIPEI REGION

【磯 鷸】p184

【大白鷺】p190

【灰喉山椒鳥雄鳥】p193

【鐵嘴鴴】p185

【赤腹山雀】p191

【朱 鸝】p195

【河 烏】p189

【灰喉山椒鳥雌鳥】p192

【魚 鷹】p197

【賞鳥裝備】

A 望遠鏡

幫助觀察者在野外與鳥類保持不受驚嚇的距離，搜尋及清晰辨識鳥類的利器。

1.雙筒望遠鏡

● 選擇時以體積小、重量輕、方便操作、優良品牌為原則。

● 倍數以七至十倍最佳。

● 視野廣，適用於觀賞近距離、移動速度快的山林陸鳥。

2.單筒望遠鏡

● 選擇優良品牌為佳。

● 目鏡以二十至四十倍較適合，太高的倍率，視幅會變窄，不容易對準目標。

● 體積大、笨重、機動性不高，但倍率大，配合三角架適合觀賞遠距離外固定的目標，一般在觀賞水鳥時便常使用。

B 鳥類圖鑑

口袋書便於隨身攜帶，在野外辨識鳥類的特徵、習性。

1.繪圖式圖鑑

● 完整的按分類次序，在同一個版面上，將同類型的鳥透過繪圖，從固定的角度，呈現各部為特徵，並用箭頭明顯的指出彼此間的差異，色彩精準，容易對照。

2.照片式圖鑑

● 以野外拍攝的照片，忠實呈現鳥類在環境中的姿態，可呈現單一鳥種的特徵，但較缺乏同時比對的功能。

C 觀察記錄本

● 個人賞鳥的心得筆記，可作為研究的基礎資料。

● 便於放置在隨身口袋中。

● 記錄要項包括：日期、地點、環境、觀察到的鳥種、數量、行為等基本資料，也可簡單繪寫鳥隻的外形及觀察心得。

D 服裝

● 配合季節色彩變化，以融入環境較佳，上衣最好有領子可免除望遠鏡背帶長時間掛於脖子的不舒服感。帽子以布質軟邊帽較為方便。

● 在沼澤地帶及闊葉林下環境，要準備防蚊噴液。

Birdwatcher's Guide TO THE
TAIPEI REGION

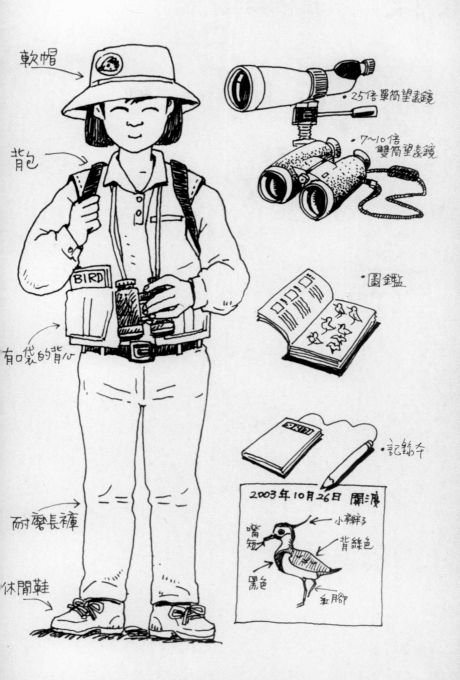

軟帽

背包

有口袋的背心

耐磨長褲

休閒鞋

• 25倍單筒望遠鏡

• 7~10倍
雙筒望遠鏡

• 圖鑑

• 記錄本

2003年10月26日 關渡

小辛辯子

嘴短

背綠色

黑色

紅腳

國家圖書館出版品預行編目資料

臺北鳥視界：四季賞鳥指南
　＝Birdwatcher's guide
　/高麗鳳總編輯/.－－臺北市：
　　北市新聞處.民92
　　　面：　　　公分
ISBN：957-01-5145-5（精裝附光碟片）
　1.鳥－臺灣　2.賞鳥
388.9232　　　　　　　　　92017963

《台北鳥視界──四季賞鳥指南》

　發行人：吳育昇

　總編輯：高麗鳳

執行編輯：徐崎青

步道導覽：何華仁、林金雄

鳥類攝影：廖東坤、謝文猷

景觀攝影：何華仁

鳥類插畫：何華仁

地圖繪製：劉淑儀

美術設計：歡喜田視覺設計工作室

行銷企畫：蔡琮浩、李炎欣

　發行所：台北市政府新聞處

　　地址：台北市市府路一號四樓

發行電話：（02）2728-7564

　印刷廠：耘新紙品有限公司

　　地址：台北縣中和市連城路222巷2弄1號

　　電話：（02）2248-3436

出版年月：92年10月

　GPN：1009203237

　ISBN：957-01-5145-5（精裝附光碟片）

　定價：250元